21세기
국제정치와
투키디데스

■ ■ ■ ■ ■ ■ ■

펠로폰네소스 전쟁과 아테네 몰락의 시대를

적어도 마음속으로 되씹어보지 않은 사람이

어떻게 기본적인 국제 문제들에 대해

폭넓은 지혜와 깊은 확신을 가지고 사고할 수 있겠는가?

■ ■ ■ ■ ■ ■ ■

조지 마셜

어떻게 국제정치를 통찰하고 예견할 것인가

21세기
국제정치와
투키디데스
Warrior Politics

로버트 D. 카플란 지음 | 이재규 옮김

김앤김북스

21세기 국제정치와 투키디데스
어떻게 국제정치를 통찰하고 예견할 것인가

초판 1쇄 발행 2019년 7월 29일

지은이   로버트 D. 카플란
옮긴이   이재규
펴낸이   김건수
디자인   이재호 디자인
펴낸곳   김앤김북스
출판등록   2001년 2월 9일(제12-302호)
주소   서울시 마포구 월드컵로42길 40, 326호
전화   (02) 773-5133 I 팩스 (02) 773-5134
E-mail   apprro@naver.com
ISBN   ISBN 978-89-89566-76-2 (03340)

Warrior Politics

어떤 작가든 갖고 있는 원죄가 있는데, 그것은 세계를 오직 자신의 관점에서 본다는 것이다. 객관성은 환상에 불과하다. 돈키호테가 산초 판사에게 한 말처럼, "자네한테는 이발사의 세숫대야로 보이는 저것이 내게는 맘브리노의 투구로 보인다네. 그리고 다른 사람들 눈에는 또 다르게 보일 테지." 마찬가지로, 외교정책 전문가들의 논쟁을 보면 최고의 지성들마저도 가장 기본적인 사항에 대해서 의견을 달리할 수 있다는 사실을 알게 된다. 나는 어떤 분야의 전문가가 단지 해석의 차이에 지나지 않는 문제를 사실의 오류라고 믿고는 상대방에게 '부정확' 하다고 말하는 것을 종종 들어왔다.

때로는 분석을 거쳤다고 하는 것이 사실은 자신의 인생 경험을 특정 문제에 적용하여 표현한 데 지나지 않는 경우도 있다. 그런 원죄로부터 다른 죄들이 파생한다. 즉, 특정한 주장을 유지하기 위해 사실과 관점들을 선택적으로 취하는 것 말이다. 이 경우에는 마땅한 해법이 없을지도 모른다.

그러므로 나의 경력은 이런 책을 쓰기에 적절하다. 나는 대학에서 가르친 적도 없고, 연구소에서 전임으로 근무한 적도 없으며, 정부 기관에서 일한 적도 없다. 그런 유용한 경력들은 나에게는 모자라는 부분이다. 내가 제기하는 관점은 다른 종류의 교육, 즉 25년 동안 주로 해외 특파원으로 근무한 배경을 바탕으로 하고 있는 것이다. 내가 내 눈앞에서 벌어지는 테러의 이유를 찾겠다는 생각으로 고전 철학과 정치학에 관심을 갖게 된 것은 전쟁, 정치적 소요, 그리고 제3세계의 빈곤을 목격하면서 느낀 충격 때문이었다. 나의 관심을 가장 많이 끈 책들은 내가 현장에서 경험한 것들을 이해하는 데 도움을 준 것들이었다. 나는 그리스에서 7년간 살았고 또 시칠리아와 튀니지 지역을 심도 있게 여행했기 때문에 자연히 투키디데스의 『펠로폰네소스 전쟁사』와 리비우스의 『한니발 전쟁The War with Hannibal』을 연구하게 되었다. 그런 책들은 내가 살고 있는 시대와 내가 기사를 쓴 지역들에 대해 새로운 견해를 갖게 했다.

위대한 고전들을 평생 탐구한 사람들의 박식함에 내가 감히 도전할 수는 없다. 고전을 처음 접하는 문외한은 처음 외국을 여행하는 여행객에 비유될 수 있을 것이다. 그는 뭘 잘못 보기도 하겠지만, 오랫동안 그곳에서 살아온 사람들이 더 이상 관심을 기울이지 않는 것들을 볼 수도 있다. 19세기의 탐험가 리처드 프랜시스 버튼(Richard Francis Burton) 경은 다음과 같이 썼다.

"점잖은 독자들이여, 첫인상을 무시하지 말지어다. 만약 첫눈에 확연한 윤곽이 잡힌다면 처소에 도착하는 즉시 그 인상기를 기록해두기 바란다. 아직 그 신선한 기억이 마음속에 남아 있을 때, 그리고 두 번째, 세 번째 생각이 첫 번째 생각을 흐리게 하기 전에 말이다. 한 지역에서 수십 년 동안 산 사람은 그가 처음

본 그때의 감정을 잊어버린 지 오래다. 그가 그 지역에 대해 글을 쓴다면, 자신과 오랜 동료들을 위한 것이지 대중들을 위한 것이 아니다. 내가 제안한 대로 기록하는 사람이라 해도 때로는 실수를 범할 수 있다. 하지만 첫인상은 대체로 진실할 뿐만 아니라 생생한 법이다."

철학이란 전문가뿐만 아니라 문외한에게도 흥미 있는 주제이므로, 나는 내가 탐구하려는 철학자들과 열정을 다해 대화할 수 있기를 고대하는 바이다. 나는 이들 철학자를 내 마음대로 선택했다. 독자 가운데 누군가는 "만약 마키아벨리에 대해 쓴다면 니체에 대해 못 쓸 이유가 어디 있는가? 그리고 칸트에 대해 쓴다면 로크는?"이라고 말할지도 모른다. 그러나 나는 외교정책에 초점을 맞추고 있기 때문에 각별히 그 주제에 적합하고 또 논쟁거리를 제공하는 몇몇 철학자들과 작가들만 골랐다.

철학은 꼭 교훈적일 필요는 없다. 그것은 쓸모없는 것일 수도 있으며, 때로는 위험하기조차 하다. 네빌 체임벌린도 윈스턴 처칠만큼 고전을 읽었다. 베니토 무솔리니의 외상 시아노(Ciano) 백작은 세네카 연구의 대가였다. 20세기 최고의 철학자로 평가되기도 하는 하이데거는 히틀러가 권력을 잡자 나치의 지지자가 되었다. 하지만 그런 큰 위험이 도사리고 있다 해도 누군가는 여전히 정책결정자들을 위해 철학의 이점을 끌어내고자 할 수 있으며, 무엇보다도 그 주제들과 관련하여 기자로서의 경험을 가진 사람이라면 더욱더 그렇다.

내가 쓴 글은 저널리스트의 관점에서 쓴 것이다. 나는 고전과 현대학자들의 견해를 취재해서, 공통점이 없는 취재원들을 손에 쥔 여느 기자들이 하는 방식으로 그것들을 하나의 이야기로 엮었다.

나는 낙관론자도 이상주의자도 아니다. 미국의 헌법을 포함하여 미국의 각종 제도들은 비관적인 사고를 가졌던 사람들에 의해 만들어졌기 때문에, 미국인들은 어느 정도 낙관적이어도 된다. 초대 대통령이 취임식을 하기도 전에 이미 대통령에 대한 탄핵 규정이 헌법에 명시되었다. 제임스 매디슨(1751-1836, 미국의 제4대 대통령)은 〈연방주의자 Federalist Papers〉 제51호에서, 인간은 너무도 구제불능이므로 유일한 해결책은 야심을 야심으로 견제하도록 하고, 사익을 사익으로 견제하도록 하는 것뿐이라고 썼다. 그는 "만약 인간이 천사라면 어떤 정부도 필요 없을 것이다"라고 말했다. 미국의 권력 분립은 인간행동에 대한 비관적인 관점에 기초를 두고 있다. 반대로 프랑스 혁명은 대중의 선한 의지와 선한 결과를 만들어내는 지식인들의 역량에 대한 무한한 신뢰에 바탕을 두고 시작되었으나 기요틴이라는 단두대와 함께 막을 내렸다.

미국 건국의 아버지들은, 인간 관계는 잘못될 수 있다는 사실을 항상 염려했다는 점에서 건설적인 비관주의자들이었다. 독자들에게 영감을 불러일으키는 것이 작가의 일이듯, 독자들을 혼란에 빠뜨리는 것 역시 작가의 일일 수 있다. 독자들이 어쩌면 듣고 싶어하지 않는 것을 말하는 일 말이다. 또한 외교정책은 종종 최악의 시나리오를 염두에 두고 만들어지기도 한다. 따라서 나의 비관주의와 회의주의는 적절한 것일지도 모른다. 왜냐하면 21세기의 정치가들을 시험하는 것은 국제관계에서 제대로 되어가는 일들이나 휴머니스트들이 당연히 반길 일

10

들이 아니라, 이 시대의 보다 어두운 문제들일 것이기 때문이다.

그렇지만 현대의 어떤 논쟁이든, 그것은 옛 것으로부터 시작하지 않으면 안 된다.

| 감사의 말 |

나는 이 책의 초고에 대해 유익한 비평을 해준, 존스홉킨스 대학 정치경제학 교수인 프랜시스 후쿠야마(Francis Fukuyama)와 슈바르츠(Schwarz), 런던경제 대학 유럽학 교수인 그레이(John Gray), 덴마크 아후스 대학 그리스라틴 연구소의 고전학 교수인 데이비드 그레스(David Gress), 〈랜드마크 투키디데스〉의 편집자인 로버트 B. 스트라슬러(Robert B. Strassler), 그리고 툴사 대학의 역사학 교수인 제이 P. 워커(Jay P. Walker)와 폴 A. 라헤(Paul A. Rahe)에게 고마움을 표한다. 하지만 이 책에서 제시된 의견들은 전적으로 필자가 책임져야 할 사항이며, 실수들도 마찬가지이다.

〈애틀랜틱 먼슬리The Atlantic Monthly〉의 명예 편집자인 윌리엄 휘트워스(William Whitworth)는, 기자라면 일반적으로 학자들이 손대지 않는 주제들을 깊이 천착할 수 있고 또 그래야만 한다는 생각을 필자에게 깨우쳐주었다. 그리고 이 잡지의 편집 임원인 쿨렌 머피(Cullen Murphy)는 이 책의 초고를 읽고 훌륭한 비평을 해주었다. 역시 이 잡지의 편집자인 마이클 켈리(Michael Kelly)는 이 책의 몇몇 장들을 미리 잡지에 게재함으로써 도움을 주었다. 나의 친구이자 뉴아메리카 재단의 동료인 마이클 린드(Michael Lind)는 초고를 읽고 여러 아이디어를 제공해주었고, 참고할 만한 책들을 추천해주었다. 〈내셔널 인터레스트〉의 편집자인 애덤 가핑클(Adam Garfinkle)은 이 책을 출판하기 전에 원고의 발췌본을 출판할 수 있도록 동의해주었다. 또한 이 잡지의 명예 편집자인 오웬 해리스(Owen Harries)는 운명 결정론에 대해 조언해주었다. 컬럼비아 대학의 대학원생이자 고대 그리스어를 전공한 아나스타시아 바콜라스(Anastasia Bakolas)는 투키디데스에 대해 조언해주었다. 로버트 벌린(Robert Berlin), 에릭 코헨(Eric Cohen), 칼 쿤(Carl Coon), 코비 쿰머(Corby Kummer), 어니스트 래텀(Ernest Latham), 토비 레스터(Toby Lester), 앨런 룩센버그(Alan Luxenberg), 랠프 피터스(Ralph Peters), 하비 시허먼(Harvey Sicherman), 그리고 니콜라이 슬리위카(Nikolai Slywka)도 많은 도움을 주었다.

국제문제에 관한 도너스 포럼(Donors' Forum)의 회장인 데번 크로스(Devon Cross)는 내가 기자로서 첫발을 디딘 후 최초로 쓴, 에티오피아와 발칸에 관한 책들을 출판할 수 있도록 중요한 재정적 도움을 주었다. 그 당시에는 책에서 그녀에게 미처 감사의 뜻을 표하지 못했으나 이번 기회에 그 뜻을 표한다. 수십 년에 걸쳐 나의 출판 대리인 역할을 해주고 있는 칼 D. 브랜트(Carl D. Brandt)는 전략가이자 나의 친구이다. 랜덤하우스(Random House) 출판사의 편집자인 조이 드 메닐(Joy de Menil)은 출판 전문가일 뿐만 아니라 침착하고도 관대한 조언자 역할을 해주었다. 같은 출판사의 제이슨 엡스타인(Jason Epstein)은 이 책의 주석을 다는 고된 작업을 해주었다. 브랜트 호크먼 사의 마리안 메롤라(Marianne Merola)는 다년간 필자의 책과 글들을 위해 외국어를 훌륭하게 번역해주었다.

내가 가장 감사의 뜻을 표해야 할 곳은 워싱턴의 뉴아메리카 재단인데, 이 재단의 넉넉한 재정적 지원이 없었다면 이 책은 햇빛을 보지 못했을 것이다. 이 재단의 대표이자 CEO인 테드 할스테드(Ted Halstead)는 내가 일찍이 누려본 적이 없을 정도의 여건을 제공해주었고, 웨스턴 매사추세츠의 집에서도 작업을 할 수 있도록 해주었다. 분명 그는 젊고 비전 넘치며, 논란을 전혀 개의치 않는 리더이다. 나는 또한 스티브 클레몬스(Steve Clemons), 제임스 팔로우스(James Fallows), 한나 피셔(Hannah Fischer), 질 그라벤더(Jill Gravender), 셜리 슈베니거(Sherley Schwenninger), 고든 실버스타인(Gordon Silverstein), 그리고 뉴아메리카 재단의 다른 분들에게도 감사의 뜻을 전한다.

이 책의 핵심적인 메시지는 "세계 정치는 현실주의적 윤리에 기초
한 리더십이 필요하다"는 것이다. 이 책의 저자 로버트 카플란은 〈애
틀랜틱 먼슬리〉의 해외 특파원으로서 지난 25년간 아프리카, 아랍 그
리고 발칸 등 세계의 분쟁지역에서 벌어지는 처참한 카오스를 직접 취
재한 베테랑 기자이다. 저자는 투키디데스, 홉스, 그리고 마키아벨리
에 이르는 서구 역사상 최고의 지혜들을 추출할 뿐만 아니라 손자와
사마천 등 동양의 지혜마저 빌려 오늘날 세계의 리더들에게 교훈을 주
고 있다.

이 책은 젊은 시절 우리 모두가 한 번쯤은 고민해보았던 인간의 본
성에 대한 질문부터 시작한다. "인간의 본성은 선한가 혹은 악한가?"
하는 것 말이다. 그리고 궁극적으로 그 해답을 제시하려고 노력한다.
기독교 윤리와 맹자의 성선설이 인간의 본성을 선한 것으로 본 반면,
현실주의적 윤리는 바로 기독교 윤리 이전의 그리스-로마의 통치사상
과 중국 춘추전국시대의 성악설을 의미한다. 성악설에 기초한 현실주
의는 마키아벨리, 토머스 홉스, 토머스 로버트 맬서스, 알렉산더 해밀
턴 그리고 클라우제비츠로 이어지고, 우리 시대에 들어와서는 한스 모
겐소, 조지 F. 케넌 그리고 헨리 키신저 등이 더욱 정교하게 만들었다.

요컨대 현실주의 윤리와 성악설은 인간의 본성을 선하다고 전제하여 그들 스스로 자유롭게 내버려두면 문자 그대로 세상이 잘 돌아가는 것이 아니라, 현실은 만인의 만인에 대한 투쟁 상태로 접어들게 된다는 것이다. 홉스는 "최고의 미덕은 어울릴 수 있는 사람들과는 어울리고, 그렇지 않은 사람들과는 담을 쌓는 것이다"라고 말한다. 홉스에 따르면, 이타주의는 인간의 본성이 아니며, 원래 인간은 욕심이 많을 뿐 아니라 만인의 만인에 대한 투쟁은 인간의 자연 조건이고 자유는 오직 질서가 확립된 후에만 제기되는 문제이다. 따라서 개인들은 자신의 안전을 위해 자신의 권리를 보다 큰 권위에 일부 양도하게 되는데, 그 권리를 양도받아 개인들을 지켜주고 분쟁을 정의롭게 해결해주는 실체를 홉스는 구약성서 욥기에 나오는 리바이어던에 비유했다. 리바이어던이 곧 국가를 암시하는 것은 다 아는 사실이다.

그러나 주권 국가들로 이루어진 국제 사회에는 리바이어던이 존재하지 않는다. 냉전 종식 이후 리바이어던이 없는 세계에서 미국이 세계 질서를 유지하기 위해 어떤 역할을 해야 하는가가 저자의 주된 관심사이다. 그 역할을 UN과 같은 국제기구들이 하지 않는가 하고 반론을 제기하겠지만, 영국의 역사가 E. H. 카는 "UN과 같은 국제기구는 초강대국들이 암묵적으로 동의하는 범위 안에서만 제 기능을 발휘할 수 있다"고 말한다.

저자는 자기희생을 내건 기독교의 윤리는 개인에게는 적용될 수 있을지 모르지만 사회와 세계라는 보다 큰 공동체의 질서를 유지하기 위한 사상으로는 적합하지 않다고 본다. 보다 크고 현실적인 목적을 달성하기 위해서는 사적이고 작은 이해는 무시될 수밖에 없다는 것이다.

세계의 각 나라들이 독자적으로 살기 위해 노력하다 보면 결국 서로를 침공하여 만국은 만국에 대한 투쟁 상태로 돌입할 것이기 때문에 저자는 미국이 패권 국가의 역할을 하고 다른 여러 나라들은 느슨한 연합을 이루어야 한다고 말한다. 저자는 그 전례를 기원전 3000년 메소포타미아의 수메르 도시국가들, 기원전 321년 찬드라굽타 마우리아가 인도 북동부에 건설한 제국, 로마 제국의 통치방식, 그리고 중국 춘추전국시대의 합종연횡에서 찾는다.

　무엇이 도덕적이고 무엇이 미덕인가? 마키아벨리는 국가의 안전을 위해서는 군주는 모든 수단을 동원해야 한다고 주장했다. 목적이 수단을 정당화한다는 말이다. 이 논리를 미국이 추진하는 세계 질서 구도에 적용할 수 있다. 민주주의가 없는 미국은 생각할 수 없다. 미국의 가치를 가장 간단하고도 명쾌하게 요약한 것이 바로 토머스 제퍼슨의 미국 독립선언서이다. "우리는 모든 인간은 평등하게 태어났으며, 타인에게 양도할 수 없는 어떤 권리들을 창조주로부터 부여받았으며, 그 가운데는 생명, 자유, 그리고 행복추구권이 있다는 사실을 자명한 진리로 신봉한다." 그러나 사실 미국의 민주적 가치를 세계에 적용하기란 현실적으로 불가능하다. 따라서 민주적 가치를 적용하기 어려운 지역들에는 민주적이진 않더라도 질서유지에 필요한 이념을 적용하는 것이 현실적이라고 주장한다. 그런 관점에서 공산주의를 용인하고 평화를 지키려 했던 카터보다 공산주의에 대해 강경책을 취한 레이건이 현실적 도덕적인 지도자이고, 테러를 묵인했던 클린턴보다 테러와의 전쟁을 벌인 부시 대통령이 훨씬 도덕적이라고 저자는 보았다.

　테러집단들이 첨단무기를 손쉽게 장악할 수 있는 지금, 기독교적 성선설적 외교정책은 목적을 달성할 수 없다. 전쟁은 과거와는 점점 더 다른 방식으로, 선전포고도 없이 그리고 국가들 사이에서뿐만 아니라 국가 내에서 치러지고 냉전 제국들의 붕괴와 그것이 초래한 무질서는 우방의 해체를 초래했고 새로운 피의 동맹을 다시 불러일으켰다. 그 결과 새로운 전사 계급을 탄생시켰는데, 그들은 그 어느 때보다 잔인할 뿐만 아니라 한층 더 잘 무장하고 있다. 전사들을 상대하는 데 필요한 것은 대응 속도이지 세계적으로 통용되는 법이 아니다. 그것이 바로 미국이 국제형사재판소를 거부하는 이유인지도 모른다.

손자는 전쟁의 발발은 정치의 실패를 의미하는 것이므로 전쟁에서 최고의 목표는 싸우지 않고도 이기는 것이라고 말했다. 다시 말해 정치의 실패에 따른 폭력적 결과인 전쟁을 피하기 위한 최고의 방법은 현실주의적으로 사고하는 것이라고 서술한다. 손자로부터 2300년 뒤, 클라우제비츠가 되풀이한 것처럼, 전쟁은 피해야 하는 것이지만 때로는 불가피한 정치의 연장이다. 자국의 이익을 전략적, 현실적으로 추구하는 것은 냉정하고 비도덕적인 사람들이나 하는 사이비 윤리가 아니라, 전쟁의 무서움을 알고 또 그것을 회피하려는 사람들의 도덕적 행동이다.

저자는 "미래를 알려고 하는 사람은 과거를 돌이켜보지 않으면 안된다. 이 세상 어느 시대 모든 것들은 고대에 그 전례가 있었으니까"라는 마키아벨리의 말을 빌려, 위기가 큰소리치며 험한 파도를 헤치고 그 모습을 나타내면, 오늘날 지도자들은 세계라는 것은 "현대"도 아니며 더 나아가 "탈현대"도 아니며, 오직 고대의 연속에 지나지 않는다는 것을 인식해야 한다고 결론을 내린다. 정말이지 오늘날 아프리카

소말리아의 상황은 빅토리아 시대 영국의 조지 고든 장군이 수단의 하르툼에서 직면했던 그것과 유사하고, 오늘날 발칸 반도의 사태는 그리스 시대의 그것과 닮았으며, 오늘날 세계화와 민족주의의 갈등은 중국의 춘추전국시대와 비슷하다.

이 책은 본질적으로 전쟁에 관한, 보다 정확히 말해 국제정치학에 관한 책이다. 경영학자인 역자의 주된 관심 영역과는 다소 거리가 있다고 하는 것이 옳다. 해서 번역을 처음 의뢰받았을 때 망설였다. 그러나 내용을 대충 훑어본 후 책의 내용이 역자가 주로 연구하는 경영전략과 궤를 같이한다는 사실을 알고는 공부하는 자세로 번역에 임했다.

사실 경영전략(Business Strategy)은 그 용어와 내용이 군사전략(Military Strategy)에서 원용한 것이며, 한 걸음 더 나아가 피터 드러커(Peter F. Drucker)는 현대 기업은 군대 조직을 본받았다고 주장하고 있다. 정말이지 1870년경 현대적 대규모 기업이 등장할 때 참고할 만한 대규모 조직이라고는 프러시아 군대뿐이었다. 국가들 사이에 크고 작은 전쟁을 치를 때 드러나는 인간의 본성, 지휘자의 리더십과 동기부여 방법 그리고 장군들의 전략과 전술은 기업에서 취급하는 그런 것들과 다르지 않다.

좋은 책을 널리 알릴 기회를 준 출판사에 고마움을 표한다.

이재규

THERE IS NO
'MODERN' WORLD

미래의 위기들이 엄청난 파도를 일으키며 들이닥칠 때, 세계는 '현대' 도 '탈현대'
도 아니며 '고대' 의 연속에 지나지 않음을 우리의 지도자들은 깨닫게 될 것이다.

'현대' 세계란 없다

세계는 기술의 발전에도 불구하고, 여전히 고대 중국과 고대 그리스, 로마의 최고 철학자들이 이해했고, 또한 어떻게 헤쳐나가야 할지 그 해법을 알았던 바로 그 세계이다.

20 세기의 악몽은 유토피아라는 이름으로 괴물같이 등장한 포퓰리즘 운동으로부터 시작되었으며, 그들의 권력은 신기술에 의해 증폭되었다. 나치당은 노동자의 권리를 수호하기 위한 십자군으로서 출발했는데, 1919년 뮌헨의 열쇠수리공 안톤 드렉슬러가 조직했고 그 이듬해 히틀러가 당수가 되었다. 볼세비키 또한 정치적 소요를 틈타 등장했으며, 나치와 마찬가지로 사회혁명이라는 꿈을 이용했다. 나치와 볼세비키가 권력을 쥐게 되자 산업시대의 발명품들은 그들이 저지르는 범죄에서 결정적으로 중요한 역할을 했다. 마오쩌둥은 소위 유토피아적 공동체 구축을 통해 노동집약적 산업화를 추진했지만, 1958년에서 1962년 사이의 대약진 운동 기간 동안 최소 2천만 명의 중국인들을 죽음으로 몰아넣었다.[1]

그런 점에서 20세기는 21세기의 지표가 될 자격이 없는데도 오직 바보들만이 그것을 인식하지 못하고 있다. 왜냐하면 포퓰리즘 운동이 지금도 무질서를 야기하고 또 정치적, 경제적 혁명을 요구하면서 세계를 헤집고 다니기 때문이다. 아시아 지역은 특히 관심의 대상이다. 인도, 파키스탄, 중국, 그리고 다른 여러 지역이 신기술, 민족적 열망, 그리고 그들 국가 내부의 분열과 겹쳐진 포퓰리즘 운동으로 들끓고 있다. 미국의 정치가 알렉산더 해밀턴(1755-1804)의 말을 상기해보자.

국경을 맞댄 독립적이고 상호 단절된 수많은 주권국가들 가운데 오랫동안 조화롭게 지내는 경우를 찾을라치면 인간사가 일정한 방향으로 나아간다는 사실에 동의하기 어려울 것이고, 인간이 역사적으로 축적된 경험을 바탕으로 행동한다는 생각에 회의를 품지 않을 수 없게 된다.[2]

그러므로 21세기의 악몽들도 역시 종교적 민족적 신념에 고무되고, 탈산업 혁명, 특히 정보혁명에 의해 힘을 얻으면서, 민주화의 이점을 활용하는 포퓰리즘 운동에서 비롯될지도 모른다. 1990년대 초 인도에서 회교 사원들을 불태우고 기독교도들을 공격한 힌두교 극단주의자들은 인도의 민주주의 체제 내에서 노동계급 운동에 동조하던 사람들로서, 자신들의 이념을 확산시키기 위해 비디오와 인터넷을 사용했다. 비슷한 현상이 인도네시아, 이란, 나이지리아, 알제리, 멕시코, 피지, 이집트, 파키스탄, 이스라엘의 서안지구, 그리고 아랍인들이 거주하는 나사렛 등지에서 일어나고 있다. 이런 지역들에서는 민주화에 의해 고무되고, 주로 노동 계급으로 이루어진 종교적, 민족적 집단들이 사회적 소요를 야기하기 위해 현대적 통신 기술을 활용하고 있다.

포퓰리스트들의 분노는 사회적, 경제적 긴장에 의해 촉발되지만, 때로는 지구가 점점 더 도시화되는 데 따르는 인구증가와 자원의 희소성 때문에 확대되기도 하였다. 앞으로 수십 년 내에 20억 또는 30억 이상의 인구가 개발도상국들의 방대하고 열악한 도시들에 거주하게 될 것이다.

전 지구적 자본주의는 이런 위험에 기름을 부을 것이고, 지역 전통을 말살할 것이며, 새로운 관습을 열심히 확산시킬 것이다. 자본주의의 혜택은 평등하게 배분되는 것이 아니므로 자본주의가 확산되면 될수록 결과적으로 소득 격차는 더 커질 것이다.[3] 따라서 세계화가 추진되면서 두 개의 역동적인 계급들, 즉 기업가적 신흥 부자들과 한층 더 불온한, 새로운 프롤레타리아가 등장할 것이다. 이들은 수십억 명의 빈곤 노동자들로, 시골에서 막 올라와 아프리카, 유라시아, 그리고 남미의 대도시들 주변부에 확대되고 있는 불법 거주지에서 살고 있다.

현재 컴퓨터를 이용한 인터넷 접속 및 휴대전화 이용률은 세계 인구의 30퍼센트에 이르지만 세계 인구의 70퍼센트는 여전히 서로 연결되어 있지 않고, 세계 인구의 절반 가량은 전화기 없이 살고 있다.[4] 불평등은 점점 더 심화되는 반면, 다른 한편으로 그런 불평등으로 야기되는 테러는 전대미문의 기술 자원들을 맘껏 활용할 것이다.

정보의 확산이 꼭 사회의 안정을 가져올 것이라고 믿을 근거는 없다. 요하네스 구텐베르크가 15세기 중반 활판 인쇄술을 발명하자 그 뒤를 이어 종교혁명과 종교전쟁이 일어났다. 그것은 인쇄물이 갑자기 보급되면서 종교적 논쟁을 촉발하고 오랫동안 억눌려왔던 고충들을 일깨웠기 때문이었다. 앞으로 수십 년 동안 정보의 확산은 새로운 사회적 충격으로 이어질 뿐만 아니라, 사람들이 서로 일치할 수 없는 새롭고도 복잡한 이슈들이 많다는 것을 깨닫게 됨에 따라 새로운 분열을 가져오게 될 것이다.

나는 앞으로 모든 사태의 전개를 어두운 측면에 초점을 맞춘다. 왜냐하면 미래가 틀림없이 어두울 것이기 때문이 아니라 외교정책의 위기가 항상 그런 면에서 발생되어 왔기 때문이다.

———

서구의 정책결정자들은 민족적, 종교적 소란이 정치적 억압 때문에 일어난다고 믿고 있지만, 사실은 민주 사회가 그토록 혐오하는 폭력은 종종 정치적 자유에 의해 유발된다. 저임금에 시달리고, 일자리도 없으며, 교육도 제대로 받지 못한, 민족과 종교적 신념으로 분열된 수많은 노동자들보다 더 마음이 흔들리기 쉬운 이들도 없고, 규율과 올바른 방향 제시가 필요한 이들도 없다.

특히 평화 중재는 점점 더 어려워질 것이다. 왜냐하면 성공적인 평화 회담은 권력이 집중되어야 가능하기 때문이다. 오직 강력한 권력자들만이 평화 유지에 필요한 역사적 전환을 정당화할 수 있다. 간혹 미디어들의 협조를 받거나 아니면 최소한의 비판만 하도록 억눌러놓은 상태에서 말이다. 그런 전제적 도구가 없이는 이집트의 안와르 사다트 대통령 혹은 요르단의 후세인 왕이 이스라엘과 평화를 유지할 수 없었을 것이다. 민주주의는 멀고도 험한 과정이다. 민주주의는 안정된 조직이 확립되기도 전에 먼저 지도자들의 지위를 약화시키고 불확실하게 만들기 마련이다. 어떤 사람들은 아랍 세계가 민주화되어야만 이스라엘과 평화롭게 지내게 될 것이라고 말한다. 꼭 그렇지는 않다. 이집트나 시리아 같은 나라들이 자유화되면 극단주의자들을 풀어놓게 될 것이고, 가까운 장래에 중동을 더욱더 불안정하게 만들 수도 있다.

서구의 정책결정자들은 독재자들을 물리치려면 제거하는 방법밖에 없다고 믿고 있다. 19세기 스위스의 역사학자 야코프 부르크하르트(1818-1897)는 "그들은 엉터리 외과의사와 마찬가지로, 질병을 단지 그 증상을 없앰으로써 치료할 수 있다고 생각했고, 독재자가 죽게 되면 자유가 저절로 올 것으로 착각했다"고 말했다.5 1990년대 서구의 정부들은, 나라에 따라 문맹률이 높거나 제도가 미비하거나 민족 분쟁이 끊이지 않는 지역이 있었는데도, 모든 개발도상국들에 대해 선거를 요구했다. 독재자는 선출된 권력자에 의해 대체되었다. 하지만 독재자들 자체가 잘못된 사회적, 경제적 발전의 결과였으므로 그들을 제거한 뒤에도 종종 민주주의라는 옷을 입은 똑같은 비시민사회적 관행이 계속되었다. 예를 들면, 파키스탄과 코트디부아르, 즉 남아시아와 서부 아프리카의 두 선도 국가들에서는 선거로 뽑힌 지도자들이 엄청난 부를 축적했고, 또한 한 민족이 다른 민족을 착취했다. 그것은 1990년대 말 두 나라의 군대가 쿠데타를 일으킬 때까지 계속되었는데, 쿠데타는 국민들로부터 큰 환영을 받았다.[6] 물론 군부가 해결한 것은 아무것도 없었고 소란은 계속 이어졌다.

심지어 서구 국가들이 개입하여 지역을 관리하고 있는데도, 예컨대 코소보와 아이티 같은 곳에서는 오래된 지역문화와 역사적 관습들이 작용하여 정치적 안정을 가로막고 있다. 미국의 빌 클린턴 대통령과 영국의 토니 블레어 수상이 코소보 전쟁에의 승리를 선언한 지 6개월 뒤에, 즉 20세기의 마지막 날에 코소보 지역 담당 유엔 판무관 버나드 쿠치너는 그리스 정교도 세르비아인들과 무슬림 알바니아인들 사이의 민족적 화해는 아직도 요원하다고 말했다. "수세기 동안 이어온 곤경, 싸움, 그리고 증오로 인해 사람들 마음에 쌓인 정서와 감정이 단 몇 주 또는 몇 달 만에 바뀔 수는 없다. 그것은 불가능하다."[7]

당연하게 여겨서는 안 되는 것들은 민족들의 화해와 자유민주주의의 승리만이 아니다. 현재의 국민국가 체제도 마찬가지다. 탈 식민통치 시대는 단지 붕괴의 초기 국면일 뿐이다. 아프리카와 아시아 대륙에서 유럽 제국의 유산은 여전히 어느 정도 안정적인 영토의 분리를 유지해주고 있다. 단지 소말리아나 시에라리온과 같은 몇몇 주변부 지역에서만 국민국가 체제가 붕괴되어 왔다. 다음 10년 안에는 더 넓고,

더 인구가 많고, 더 도시화된 사회들에서 국민국가 체제가 더 심각하게 망가질 수도 있다. 예를 들면 나이지리아나 파키스탄 같은 곳들인데, 이 나라들에 대한 개입은 특히 어려운 문제가 될 것이다.

최근 몇십 년 동안 도시들이 극적으로 성장함에 따라 21세기에는 매우 규모가 큰 거대 도시들이 등장할 가능성이 높다. 그 도시 배후의 오지들과 그곳에 사는 민족적 감정이 충만한 주민들을 고려하면, 앞으로 그런 나라들에서는 정치가 매우 중요해질 것임을 예측할 수 있다. 미국은 차츰 평화롭게 경쟁하는 도시국가들의 연합으로 변신하고 있다. 애리조나주의 주민들 가운데 85퍼센트는 턱슨-피닉스(Tucson-Phoenix) 광역 지역에서 살고 있으며, 2050년에는 98퍼센트에 이를 것으로 추정된다.[8] 태평양 동북부 지역, 즉 5번 국도를 따라 소위 '15 메인스트리트'라고 불리는 오레곤주의 유진에서부터 캐나다 브리티시 컬럼비아의 밴쿠버에 이르는 지역은 단일의 도시 지역사회를 형성하고 있으며, 미국과 캐나다의 국경을 무의미하게 만들고 있다. 해외에서는, 취약하고 무질서한 지역들로 둘러싸여 있는 상당수의 신흥 도시국가들—상파울루, 보고타, 키예프, 모스크바, 바쿠, 중국 남부의 쿤밍 등—이 기업이나 군부 과두 집단에 의해 장악될 수도 있다. 일부는 계몽된 집단일 수도 있지만, 나머지는 범죄 집단에 가까울 것이다. 첨단기술을 갖춘 이러한 새로운 '중세 도시국가'들에서는 돈만 있으면 선거를 좌지우지할 수 있고, 군대나 치안 기관들이 정책에 미치는 영향은 오늘날보다 한층 더 크고 또 교묘해질 것이다.

세계의 가장 부유한 지역들에서는 법치가 유지되겠지만, 오히려 새로운 정치체제는 아예 정부를 필요로 하지 않을지도 모른다. 일부 정부 기능은 몇몇 필수 서비스들을 제공하는 행정 기관으로 존속할지는 모르겠으나, 점점 더 강력해지는 세계 기구들이 다른 관료적 업무를 떠맡게 될 것이다.

도시들은 항상 선과 악의 차원을 넘어, 때론 찬란하게 때론 추하게, 때론 창의적으로, 때론 두려움을 느끼며 새로운 아이디어와 수단을 통해 존속해왔다. 다시 말해 도시란 판단의 대상이 아니라 경험되는 것이다. 앞으로 등장할 수많은 부유한 도시국가들을 상상해보라. 사람들은 안전한 거처에서 살면서, 영화, 텔레비전, 그리고 인터넷을 통해 이런저런 즐거움을 만끽하지만, 끊임없이 확대되는 전자 미디어를 통해 개인의 주체성이 위험에 처할 정도로 다른 사람들의 의견에 휘둘리게 될 것이다.9

오직 이슬람 대중들만이 우리 시대 도시의 도덕적 상태에 대해 진지하게 의문을 던지고 있다. 이슬람 근본주의자들은 중동, 동남아, 그리고 인도네시아의 도시들에 몰려온 수백만 명의 농부들에게 도덕적, 심리적 지원을 해주고 있다. 그들의 자존심은 외딴 동네의 허술한 삶터에서 무시당하고 있으며, 상수도라든가 다른 여러 공공 서비스는 아예 제공되지도 않는다. 그러므로 우리 시대의 엘리트들이 과거 마르크시즘에 대해 그랬던 것처럼 세계화에 대해 떠들어댈 때 다른 한편에서는, 종교와 제3세계의 도시생활의 긴장이 결합된 새로운 계급투쟁이 고개를 들고 있다.

20세기는 인류가 대부분 시골에서 살았던 역사의 마지막 시대였다. 미래의 전쟁터는 매우 복잡한 도시지역이 될 것이다. 만약 미국의 병사들이 근접사정권 내에 있는 적들과 싸워 그들을 죽이지 못한다면, 초강대국으로서의 미국의 위치는 흔들리게 될 것이다.

————

산업혁명은 규모의 경쟁이었다. 광범한 공장단지, 마천루, 그리고 철도는 대규모 영토를 지배하는 자의 손에 권력을 집중시켰다. 그것은 비스마르크나 벤저민 디즈레일리와 같은 책임감 있는 지도자들뿐만 아니라 히틀러와 스탈린 같은 독재자들에게도 마찬가지여서 그들의 악행을 강화해주었다. 하지만 탈산업혁명은 한 대의 휴대폰과 폭발물을 가진 누구에게나 권력을 쥐어준다. 미국의 군사적 우위를 감안하면, 그런 새로운 적들은 우리가 알고 있는 공정한 게임이라는 공식에 따라 싸우지 않을 것이 분명하다. 그들은 깜짝 쇼를 벌일 것이고, 전에도 종종 그랬듯이 전혀 예측하지 못한 우리들의 약점을 노릴 것이다.

이러한 불균형이 테러리스트와 사이버 범죄자들에게 힘을 실어준다. 이들은 잔혹행위를 합법적인 전쟁 형태로 보고 보편적인 국제규범과 가치관을 따르지 않고 작전을 구사하기 때문이다.[11] 덩치가 큰 미국의 민주적 기관들로서는 군사계획을 짜거나 무기를 확보하는 일은 성가신 일인데다 정치적으로 책임도 져야 한다. 하지만 미래의 적들은 그런 제한을 받지 않는다. 그들의 작전은 재빠르고 단순하며, 대중의 눈에 띌 만한 문서도 남기지 않는다. 그것은 그들만이 갖는 장점이다. 미국과 맞붙어 재래식 전쟁을 벌인 어리석은 사담 후세인 같은 독재자는 역사적으로도 드문 경우이다. 성공 가능성이 한층 더 높은 것은 일본의 진주만 기습 복제판과 같이, 화학폭탄이나 생물학적 무기로 기습공격을 하는 것이다.

생물학적 무기는 테러 집단이 사용하기에 점점 더 용이해질 것이다. 그런 무기들은 정부에 의해 관리되고 있긴 하지만 부분적으로 개발단계에 있고 또한 바이오 혁명이 계속 진행되고 있기 때문에, 외교적 노력만으로는 그것들을 격리시키기가 어렵다. 유전공학, 생물학, 화학, 광학, 그리고 컴퓨터 과학의 발달이 가속화될수록 무기체계는 통제할 수 없다는 새로운 전망이 확산되고 있다.

게다가 우주탐사와 인공위성 개발에 큰 전환기를 맞고 있다는 사실도 고려해보라. 어떤 추계에 따르면, 2025년경까지 미국 경제의 20퍼센트는 우주 관련 산업으로 이루어질 것이고, 전세계에서 유능한 소프트웨어 프로그래머, 엔지니어, 그리고 고도의 기술자들이 미국에 본사를 둔 다국적 기업을 위해 새로운 기술을 개발하고 관리하기 위해 몰려올 것이라고 한다.[12] 무기를 만드는 권한이 민간 기업의 이사회로 넘어가는 것은, 아직은 그 이름을 무엇으로 불러야 할지는 모르지만 새로운 악을 유발할지도 모른다. '파시즘', '전체주의', 그리고 '나치즘'이라는 용어는 1930-40년대 전까지는 의미 있는 말이 아니었다는 사실을 상기하라.

그 다음, 기술은 국가의 권력 자체를 강화할 수 있다. 이것은 지난 200년간의 경험에 비추어 주의를 기울여야 할 또 다른 대상이다. 예컨대 어느 '불량국가'는 미국에 대해 기습공격을 하기 위해 새로운 기술을 도입할 수도 있으며, 테러리스트나 범죄집단을 전략적으로 이용하면서도 그 사실을 은폐하기 위해 영향력 있는 국제적인 매체들을 조작할 수도 있을 것이다.

물론 새로운 기술이 인간에게 유익한 발전을 가져온다는 것은 당연한 일이지만, 그 때문에라도 미국의 군대와 민간 지도자들은 주의를 기울여야 한다. 20세기 초 유럽 사람들은 당시 만연했던 과학적 낙관론 때문에 부메랑처럼 그들 자신에게 곧 되돌아올 재난에 대비하지 못했다. 새로운 도구는 새로운 기회를 제공하기도 하지만 인류에게 항상 폐해를 끼치기도 했다. 팔의 기능을 확대한 칼이나 도끼와는 달리, 기계는 인간의 육체와는 관계가 없다. 따라서 폭력과 그 행위자 사이의 감정적인 고리를 아예 단절시켜 비인간적인 악행의 범위를 엄청나게 확대시킨다. 총을 예로 들면, 그것은 열에너지를 역학에너지로 바꾸는 기계이다. 따라서 우리가 주의를 기울이지 않으면, 기술의 가속적 발전이 인간의 야만성과 연결된다는 사실은 20세기가 제공한 또 다른 교훈이다.

지금까지 변화의 추동력들(driving forces), 즉 인구 증가, 도시화, 자본주의, 기술, 그리고 소득격차 등 이미 나타나고 있는 추세들만 언급했다. 그러나 돌발 사태들도 있을 것이다. 1980년대에 발생한 에이즈와 같이 전혀 예상치 못한 일들이 일어날 수 있다.[13] 홍수나 지진과 같은 자연 재해도 약한 정부를 더욱 불안정하게 하는 돌발 사태가 될 수 있다. 중국과 같은 신흥 강대국이 군사적 목적으로 인간을 유전공학적으로 복제한다면 또 다른 돌발 사태가 될 것이다. 지구 온난화는 자연 재해와 그것에 대한 극단주의자들의 정치적인 대응을 촉발함으로써 추동력이 될 수도 있고, 돌발 사태가 될 수도 있다.

———

'현대'라는 말 그 자체가 우리의 삶과 시대를 과거와 단절시키려는 의도를 담고 있다.[14] '현대' 사상, '현대' 정치, '현대' 건축, '현대' 음악 등과 같은 표현은 과거의 연장이나 과거에 대한 대응을 의미하는 것이 아니라 과거를 부정하고자 하는 의도이다. '현대'라는 용어는 진보를 축복하는 말이다. 우리 자신과 기술이 보다 더 '현대적'이 될수록—우리의 삶이 기계화되고 추상적이 될수록—우리의 본능은 더욱더 반항적이 되고, 비록 포착하기는 어렵겠지만 한층 더 교활하고 사악해질 가능성이 있다.

전자통신은 직접적인 대면을 피할 수 있도록 해주기 때문에, 우리가 순수한 전략과 기만이라는 추상적 영역에 들어가게 됨에 따라 별다른 심리적 부담 없이 훨씬 더 쉽게 잔혹행위를 실행할 수 있게 한다. 아우슈비츠 수용소는 부분적으로는 산업사회의 기술이 독일의 가해자들을 현장으로부터 분리했기 때문에 가능했다. 어느 선도적인 인터넷 회사—이 회사는 모든 부서들을 구조조정하면서 각각의 부서가 서로 무엇을 하는지 모르도록 했다—의 한 중역에 따르면, 얼굴을 맞대는 회의를 없애고 전자통신을 전면적으로 활용한 회사들에서 기업 권력이 가장 비인간적으로 행사되었다고 한다.

능력주의 또한 인간의 공격성에 기름을 붓는데, 그 이유는 능력주의가 많은 사람들에게 야심을 성취할 기회를 제공하기 때문이다. 능력주의는 서로간에 필사적인 경쟁을 하도록 유도한다. 우리는 이런 현상을 직장에서 그리고 기업이나 정부, 미디어 조직에서 흔히 본다. 그러므로 기술의 진보로 인해, 앞으로 국가들 간의 관계나 다른 여러 정치 집단들 간의 관계가 한층 더 조화롭거나 현명하게 유지될 것이라고 기대하는 것은 비현실적으로 보인다.

기술 경쟁에서 낙오된 문화권에 있는 수많은 청년들—예컨대 세르비아와 알바니아의 준군사집단들, 인도네시아의 용병들, 카슈미르의 무슬림 전사들, 체첸의 산악 전사들, 러시아의 병사들—이 군복 대신에 부족 휘장을 두르고는, 흡사 전통적 의식을 치르는 전사들처럼 강간과 약탈을 일삼을지 모른다. 물론 러시아와 세르비아 같은 지역들은 정치적, 경제적으로 회복될 수도 있고, 그곳의 젊은이들이 근면해질 수도 있다. 그런 피폐한 지역들은 결코 국가의 다수 그룹을 차지하지는 못하겠지만, 일정한 정치적 영향력을 가진 소수 그룹으로 남아있게 될 것이다. 정치인들이 관심을 기울이지 않을 수 없도록 지역적 불안정을 유발하거나 지속적인 목소리를 내면서 말이다.

미디어가 늘 들먹이는 지구촌이라는 상투어는 그 말을 자주 사용하는 미디어의 위신을 높여준다. 좋은 예가 CNN이다. 그러나 정치가들은 상투어 대신에 어려운 진실을 마주하지 않으면 안 된다. 갈등과 공동체는 둘 다 고유한 인간조건이다. 후기 산업사회에 들어선 서구는 갈등의 지속성을 부정하고 싶겠지만, 아프리카, 아시아, 인도 아대륙, 그리고 그 어느 곳보다도 코카서스 지역에서는 특정 민족적, 종교적 집단이 경쟁 집단을 지배하려 하기 때문에, 그리고 기존의 정치 엘리트들을 타도함으로써 자신들의 지배체제를 구축하고자 하기 때문에 갈등이 현존하고 있다.[15]

거의 모든 국제 문제에는 해결책이 존재한다는 것은 역사를 잘 모르는 사람들이 하는 소리다. 종종 거기에는 해답이 없으며, 있는 것이라고는 오직 혼란과 불만족스런 선택뿐이다.

그것이 바로 1927년 조지 마셜 장군이 조지아주의 포트베닝에 있는 보병학교 사령관이 되었을 때, '해결책'을 강조한 교범을 폐기하고 그 것을 장교들이 '주도성'과 '판단력'을 갖추도록 교육시키는 '현실적 인 훈련들(realistic exercises)'로 대체했던 이유이다.[16] 예비 대통령들 과 국무장관들을 위한 교범에는 포트베닝에서 보여준 마셜 장군의 지 혜가 반영되어야 한다. 마셜은 다음과 같이 물었다.

펠로폰네소스 전쟁과 아테네 몰락의 시대를 적어도 마음속으로 되씹어보지 않은 사람이 어떻게 기본적인 국제 문제에 대해 폭 넓은 지혜와 깊은 확신을 가지고 사고할 수 있겠는가.[17]

마셜 장군은 고대의 역사를 알고 있었다. 마찬가지로, 리더십을 위 한 새로운 규칙들에는 고대의 역사가 반영되어야 할 것이다. 내가 앞 으로 설명하겠지만, 고대의 역사는 21세기 초반 몇 십년 동안 우리가 직면하게 될 문제에 대한 가장 확실한 지침서이다.

———

이 책은 무엇을 생각할지에 관한 것이 아니라 어떻게 생각할지에 관 한 책이다. 나는 특정한 정책에 관해서가 아니라 단순한 직감이 아닌 사고의 결과물로서 정책에 관해 쓸 예정이다. 마셜과 같은 노련한 정 책결정자들은 감정이 아니라 필요와 이익에 기초하여 정책을 수립했 다. 마셜 플랜은 유럽에 대한 선물이 아니라 소련의 팽창을 봉쇄하기 위한 노력이었다. 필요와 이익이 적절히 고려되었을 때, 역사는 그러 한 사고를 '영웅적'이라 서술한다.

소수의 사람만이 감히 그 이름을 부를 수 있을 만큼 격식을 중시하고 냉담한 성격이었던 마셜 장군의 견해에 따르면, 영웅적 결정이란 불확실한 정보를 기초로 냉정하게 판단한 결과였다. 실제 전장에서 적에 대한 정보는 항상 불완전하기 마련이다. 충분한 정보를 수집했을 때는 무엇을 하기에는 너무 늦고 만다.

외교정책의 위기들은 전투와 같다. 국내 정치는 통계적 연구결과를 활용할 수 있고, 행정부와 입법기관들 간의 협상을 통해 도출되는 경향이 있지만, 외교정책은 종종 폭력적이고 종잡을 수 없이 변화하는 해외 상황, 그리고 문화적 차이에 의해 더욱 복잡해지는 사태들을 파악하기 위해 순전히 직감에 자주 의존하게 된다. 민주주의와 기술이 그것들을 유지하는 데 필요한 제도들보다 더 빨리 발전하는 세계에서—심지어 국가들 자체도 도시화와 정보화에 의해 생각 이상으로 약화되고 변형되고 있다—외교정책은 과학이라기보다는 영구적인 위기관리의 기술이 될 것이다.

미래의 위기들이 엄청난 파도를 일으키며 들이닥칠 때, 세계는 '현대'도 '탈현대'도 아니며 '고대'의 연속에 지나지 않음을 우리의 지도자들은 깨닫게 될 것이다. 세계는 기술의 발전에도 불구하고, 여전히 고대 중국과 고대 그리스, 로마의 최고 철학자들이 이해했고, 어떻게 헤쳐나가야 할지 그 해법을 알았던 바로 그 세계이다. 또한 회의주의와 건설적인 현실주의라는 고대의 전통을 드러내보였던 조지 마셜과 같은 이들도 그러했을 것이다.

———

그러나 정치가들을 위한 유익한 지침을 만들기에는 회의주의와 현실주의는 그 범위가 너무 넓은 사고방식이다.

결국 윈스턴 처칠과 네빌 체임벌린은 모두 과거의 경험과 이익에 기초하여 가능성과 결과를 계산하는 현실주의자들이었다. 영국에 유리하도록 유럽의 힘의 균형을 회복하는 것에 대한 처칠의 경의는 두말할 필요가 없다. 하지만 독일에 대해 유화적인 태도를 취했던 이들 역시 실용주의자들이었다. 역사적 관점에서 보면, 제1차 세계대전 패전 이후 독일의 재무장은 정상적인 것이었고, 1930년대 중반 히틀러는 『나의 투쟁』에서 스스로 묘사한 바와 같이 광기 어린 사람이 아니라 그저 서구가 상대해야 할 또 하나의 경멸스런 독재자였다. 특히 20년 전 계산착오와 혼란으로 발발한 전쟁으로 아무런 이득도 없이 850만 명이 죽은 이후로 말이다. 그러나 독일의 재무장은 예상과는 달리 제2차 세계대전이라는 재난을 초래했다. 스탈린은 오히려 스스로 대량학살자라는 것을 증명했으나 히틀러는 아니었다(적어도 제2차 세계대전 전에는 말이다). 따라서 "유화주의자"들이 소련을 견제하기 위해 독일의 재무장을 허용한 것은 완벽하게 합리적인 것으로 보였다.

하지만 이는 처칠로 하여금 히틀러를 억제하고, 궁극적으로 그를 파괴하고자 하는 것을 막을 수 없었다. 처칠은 소련보다 독일이 더 두려운 존재라는 생각을 버리지 않았다. 1919년에서 1921년 사이 영국의 전쟁장관으로서 10월 혁명 이후 러시아에서 발발한 내전에서 볼셰비키를 무너뜨리기 위해 서방 진영을 이끈 사람이 바로 처칠 그 자신이었는데도 말이다. 처칠은 다른 어떤 유화주의자들보다도 더 격렬한 반공주의자였다. 그런데도 그는 히틀러에 대항하기 위해 스탈린과 동맹을 추진했던 것이다.

여기 다음과 같은 의문이 제기된다. 처칠의 현실주의는 어째서 체임벌린의 그것과는 다른가? 처칠은 그런 특별한 상황에서, 미래의 위기에 직면하게 될 정치가들을 안내해줄 그 무엇을 알았던 걸까? 이런 질문에 대답하는 것이 우리들 앞에 놓인 세계에 대처하기 위한 첫 단계이다.

CHURCHILL'S
RIVER WAR

1899년 출판된 『강의 전쟁』은 처칠이 20대 때 쓴 책으로, 처칠 사상의 뿌리가 무엇인지 그리고 제2차 세계대전 중 히틀러에 맞서 영국을 이끈 처칠의 위대함의 원천이 무엇인지를 보여준다. 옴두르만 전투는 산업시대 대량살상전 이전에 벌어진 마지막 전쟁

처칠의
'강의 전쟁'

들 중 하나였는데, 기병대 대열이 끊임없이 이어진 이 전쟁에 청년 처칠도 참가했다.
나일강 전쟁은 현대 세계 안의 고대 세계를 그대로 보여준다. 이 전쟁은 우리가 현재의
문제를 해결하는 데 필요한 지침을 찾기 위해 과거로 떠나는 여행의 출발점이다.

영 국의 역사가 존 키건은 다음과 같이 서술한다. "두 번째 천년 의 마지막 세기에, 즉 역사상 최악의 시대에, 인류의 영웅으로 서 인정받기에 처칠보다 더 나은 사람은 없다." 키건은 계속해서, "처 칠과 프랭클린 루스벨트 둘 다 그들의 도덕적 목적을 법치와 개인의 자유라는 앵글로색슨 전통에서 찾았다. 그들이 그 전통을 유지할 수 있었던 것은 바다가 육지의 적들로부터 그들의 국가를 보호했기 때문 이다"고 말한다.[1]

1940년 6월 4일, 영국이 던커크에서 철수하고, 프랑스의 패배가 가까워온 상황에서 처칠은 영국 하원에서 국민들에게 다음과 같은 연설을 했다.

> 우리는 어떤 대가를 치르더라도 우리의 섬을 지킬 것이다. 우리
> 는 항공기 이착륙장에서 싸울 것이고, 들판과 거리에서도 싸울
> 것이다. 우리는 결코 항복하지 않을 것이다.

몇 마디 말이 한 나라를 이토록 고무시킨 경우는 드물다. 옥스퍼드 대학의 철학 교수 이사야 벌린(1909-1997)은 "처칠은 그토록 강렬하게 자신의 국민들을 '이상화' 했기 때문에 종국에는 국민들이 처칠의 이 상을 따랐고, 또 국민들은 처칠이 그들을 보는 것과 똑같이 자신들을 보기 시작했다"고 지적했다.[2]

처칠의 힘과 위대성은 다방면으로 설명될 수 있지만, 다음과 같은 벌린의 설명이 가장 적합할지 모른다. "처칠의 도덕적, 지적 세계를 구성하는 단 하나의 중심적인 원리는 역사적 상상력인데, 그것은 너무 도 강력하고 너무도 포괄적이어서 현재와 미래의 모든 것을 풍부하고

윈스턴 처칠

도 다양한 색을 가진 과거의 얼개로 감쌀 수 있을 정도였다." 그리고 처칠은 과거, 특히 고대 역사에 대한 가장 강력한 인식을 갖고 있었기 때문에, 벌린의 설명에 따르면, 그는 또한 "어두운 측면에 대해 잘 알고 있었다."

처칠은 일찍부터 히틀러를 꿰뚫어 보고 있었는데, 체임벌린과 달리 역사상의 괴물들에 대해 잘 알고 있었기 때문이었다. 체임벌린은 생각이 짧은 현실주의자였다. 그는 영국 국민들이 평화를 바란다는 것을 알았고, 또 국민들은 군비지출보다는 국내적으로 필요한 부분에 돈을 쓰기를 원한다는 사실도 알았다. 따라서 체임벌린은 그렇게 했다(체임벌린이 뮌헨에서 히틀러를 무마하고 귀국했을 때, 그는 영웅 대접을 받았다). 그러나 처칠은 한 수 앞을 내다보았다. 처칠은 환상을 별로 갖지 않은 사람이었는데, 그 이유는 부분적으로, 그가 많은 시간을 들여 역사를 읽고 또 썼으며, 일찍이 영국의 식민지 전쟁을 군인으로서 그리고 기자로서 경험했기 때문이었다. 그 결과 처칠은 인간이 얼마나 변하기 어렵고 또한 비합리적인지 알고 있었다. 다른 현자들과 마찬가지로 그는 비극적인 사고를 가졌는데, 다시 말해 우리가 도덕적 기준을 마련해두는 것은 우리 자신의 불완전함을 판단하기 위한 것이라고 보았다.

물론 처칠이라고 해서 완벽하지는 않았으며, 특히 히틀러에 대한 정책은 더욱 그랬다. 체임벌린 또한 많은 사람들이 추측한 것만큼이나 쉽게 속아 넘어가는 사람이 아니었을 것이다. 심지어 사태가 아주 조금이라도 다르게 전개되었더라면, 체임벌린은 지금 한층 더 존경받는 인물로 평가받고 있을 것이다. 체임벌린은 현명치 않았다기보다는 운이 없었다고 하는 편이 옳을지도 모른다. 체임벌린이 추진했던 바와 같이, 히틀러의 의중을 떠보면서 영국의 국방력을 증강한 것은, 정부를 지지하는 여론을 통일시키면서 궁극적으로 히틀러와 싸우는 데 필요한 시간을 벌 수 있도록 해주었다. 그럼에도 우리가 처칠다움이라고 이름붙여 하나의 이상으로서 탐구해볼 만한 가치가 있는 그 무엇이 남아 있다.

19세기 말 수단의 황량한 사막은 시간적으로 제2차 세계대전이 발발할 무렵의 유럽과 엄청난 차이가 있다. 하지만 오늘날 우리가 당면하고 있는 문제들에 대한 처칠의 생각이 드러나는 곳은 바로 수단의 그 황량한 사막이다. 오늘날의 문제를 해결하는 데 필요한 지혜를 찾기 위해 떠나는 과거로의 여행을 시작하는 곳도 바로 그곳이다.

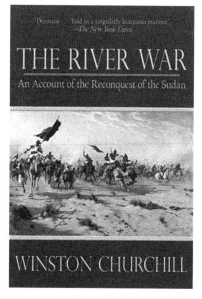

처칠의 '강의 전쟁'

1980년대 중반 나는 수단의 수도 하르툼에 있었는데, 당시 기아가 '아프리카의 뿔(The Horn of Africa)'을 뒤덮고 있었다. 하르툼에서 나는 우연히 100년 전의 수단에 관한 책『강의 전쟁: 수단 재정복의 역사적 고찰The River War : An Historical Account of the Reconquest of the Sudan』을 접하게 되었다. 그것은 처칠이 쓴 최초의 방대한 역사물로서 1899년 두 권으로 출판되었다.[3]

『강의 전쟁』은 영국이 이집트에서 민중 반란이 일어난 후 그들의 통치자 테픽 파샤의 왕위를 지켜주기 위해 군사적으로 개입했던, 1881년부터 시작하여 20여 년에 걸친 영국의 식민 역사에 관한 서술이다. 알렉산드리아에 대한 해군의 포격은 영국 군대의 성공적인 상륙으로 이어졌고, 결국 영국은 이집트와 이집트의 영토였던 수단에 대한 통치를 떠맡게 되었다. 같은 해 '마디(Mahdi)' 또는 구세주로 불렸던 무하메드 아메드가 주도한 무슬림의 반란은 수단에서 멀리 떨어진 사막을 혼란으로 몰아넣었다. 영국은 하르툼의 이집트인 수비대를 구출하기 위해 훈장을 받은 전쟁 영웅이었던 찰스 조지 고든(1833-1885) 장군을 파견했다. 그곳에서 마디의 군대는 고든을 포위했고, 고든은 구원병이 올 때까지 여러 달을 버텨야 했다. 당시 영국의 수상 윌리엄 글래드스턴(1809-1898)은 뒤늦게 구원병을 파견했고 군대가 하르툼에 도착하기 이틀 전에 고든은 칼을 손에 쥔 채 마디의 병사들에게 죽고 말았다. 그 참패는 영국에서 자유당 정권의 몰락을 초래했고, 그리하여 보수당의 오랜 통치가 시작되었다. 보수당은 스파이 침투, 나일강 남부로의 철도 확장, 원정군의 파견 등을 포함하여 수단 탈환계획을 추진했다. 탈환작전은 1898년 허버트 키치너(1850-1916) 장군이 나일강을 사이에 두고 하르툼의 맞은 편에 위치한 옴두르만에서 마디의 군대를 궤멸시킴으로써 절정을 이루었다. 옴두르만 전투는 산업시대의 대량살상전 이전에 벌어진 마지막 전쟁들 중 하나였다. 기병대 대열이 끊임없이 이어진 가운데, 청년 처칠도 제21기병대의 장교로 참전했다. 젊은 시절 이런 극적인 기억들이 처칠로 하여금 영국의 운명에 대해 체임벌린이 품었던 것보다 더 한층 폭넓은 비전을 갖게 했는지도 모른다.

처칠의 『강의 전쟁』은 문명과 야만에 대한 광범한 서술, 다른 나라와 그 국민들에 대한 객관적 판단, 그리고 전투에 대한 흥미롭고도 사실적인 묘사로 가득 차 있어서 마치 헤로도토스(기원전 484-425)의 『역사』, 그리고 때로는 호메로스의 『일리아스』 같은 느낌이 든다. 이 책은 40년 후에 서구 문명을 구한 바로 그 처칠이 "야만의 미덕을 나타내는

44

용감하고 정직한 … 석탄과도 같이 검은 흑인"에 대해 쓴 것이다. 그는 아랍인들에 대해 "자신들의 관습과 언어를 흑인들에게 강요하는 강한 민족"이라고 쓰고 있다. "이집트인은 강하고, 끈기 있고, 건강하고, 유순했으며, 흑인은 어느 모로 보나 열등했다."[4] 하지만 처칠이 보기에 이집트의 지배는 "친절하지도, 현명하지도, 혹은 유익하지도 않았다. 그들의 목적은 착취하는 것이었지 주민들의 삶을 개선하는 것이 아니었다." 이집트는 "칼에 의한 투박한 정의를 부패와 뇌물로 대체했다." "나일강 삼각지의 비옥한 토지와 사람의 진을 빼놓는 기후"는 "전투 민족"을 만들기에 적합하지 않았다고 한 처칠의 주장은 지리적 숙명주의 혹은 학자들이 말하는 '결정론'의 표상이었다. 이것은 현대의 관점에서 보면 받아들이기 어려운 것이지만 말이다.

이 책에는 여행작가로서 처칠의 면모도 볼 수 있는데, "용광로 위에 번쩍이며 흐느적거리는 엷은 막"과 같은 사막의 공기, "처음 맡아 보는 향긋한 냄새가 나는 풀이 가득한" 바위 도랑, "영국 연대의 고적대가 연주하는 북소리와 피리 소리에 발맞춰 진군하는 용감하고도 피를 들끓게 하는 총기병들의 행진" 등을 묘사하고 있다. 옴두르만 전투에서 마디의 군대가 사용한, 코란의 글을 새긴 깃발은 처칠에게 "옛날 베이유 벽걸이 융단(Bayeux Tapestry)을 휘장으로 사용한 십자군"을 떠올리게 했다.[5]

처칠은 늘 극적인 사건과 풍경을 묘사하는 데 열성적이었다. 그것은 나중에 처칠이 행한 전시 연설에 큰 힘을 실어준 요소였다. 처칠은 마치 인간을 광활한 풍경 속에 뛰노는 지적 동물로 인식하는 지리학자 같았다. 그는 강우량, 토질의 비옥함, 기후, 코끼리, 새, 영양, 그리고 유목민족들 사이의 관계를 담담하게 기술한다. 처칠은 인종차별주의자는 아니다. 그는 생물학적 차이보다는 문화적 차이에 관심을 기울였다. 그는 수단은 영토가 거대하기 때문에 "기후와 토양이 다르고, 그 결과 독특하고 다양한 종족을 낳았다"고 주장한다.[6] 이는 아리스토텔레스, 몽테스키외, 에드워드 기번(1737-1794), 아놀드 토인비(1889-1975), 그리고 다른 여러 철학자나 역사가들과 유사한 접근방법이다.

『강의 전쟁』이 그저 숙명론이나 단순한 전쟁 이야기가 아닐 수 있었던 것은 종족과 사막에 대한 가차없는 현실주의적 묘사가 그들의 정복에 더 큰 의미를 부여하고 영감을 불러일으키게 만들기 때문이다. 아주 다루기 힘든 물리적, 인간적 풍경은 도덕적 인간들이 이겨내야 하는 장애물이 된다. 역사와 지리적 조건이 가망 없어 보일수록, 그리고 인간 조건이 절망적일수록 영웅주의가 등장할 가능성은 한층 더 커지는 법이다. 왜냐하면 역사를 결정하는 것은 지리뿐만 아니라 개개의 인간이기 때문이다. 벌린이 고대 그리스를 언급하면서 서술한 대로, 역사란 결국 "알키비아데스(기원전 450-404년경, 아테네의 정치, 군사 지도자로 아테네에 극한 정치적 분쟁을 불러일으켜 결국 스파르타와의 펠로폰네소스 전쟁에서 아테네가 스파르타에 패하게 만들었다.—옮긴이)가 했고 또 고통받았던 것"이다. 비록 그렇지 않다는 것을 "증명해보려는 사회과학의 온갖 노력"에도 불구하고 말이다. 『강의 전쟁』도 그러한 정의(definition)를 따르고 있다. 이 책은 개인적인 천재성에도 관심을 기울인다. 처칠이 서술한 고든 장군을 보자.

한때 고든 장군은 공병대 중위였다. 그 후 그는 중국에 주둔한 영국군을 지휘했다. 그 다음 한 고아원을 운영했다. 이어 사람의 생사, 전쟁과 평화에 대한 최고 권한을 쥔 수단의 총독이 되었다. 하지만 어떤 지위에 있든 … 우리는 한 인간을 별 생각 없이 똑같이 인식한다. 남자의 찌푸림이나 여자의 미소나, 목숨이나 편안함이나, 부나 명예나 똑같이 여기는 것이다.[7]

고든은 크림 전쟁(1853-1856, 크림 반도를 중심으로 러시아가 영국, 프랑스, 오스만 제국을 상대로 벌인 전쟁—옮긴이)에서 보여준 몸을 아끼지 않는 용맹성으로 처음 두각을 나타냈다. 고든은 청나라의 궁궐을 불태우고 태평천국운동(1851-1864, 청대 말기 홍수전이 창시한 배상제회라는 그리스도교 비밀결사를 토대로 청조 타도와 새 왕조 건설을 목적으로 일어난 혁명성을 지닌 농민운동—옮긴이)을 평정하는 데 중요한 역할을 한 후, 1865년 영국으로 개선하여 '중국의 고든(Chinese Gordon)'이라는 칭호를 받았다. 1870년대에는 수단 남부 에콰토리아(Equatoria) 주지사를 지내면서 나일강 상류를 측량했고, 일련의 식민지 주둔지를 만들었다. 뒤이어 수단의 총독 자격으로 반란을 종식시켰으며 노예무역을 금지했다. 독실한 기독교도였던 고든은 하르툼에 진격한 마디의 군대에 맞서 최후를 맞는 즉시 순교자가 되었다. 위대한 인물에 대한 플루타르코스의 묘사와 마찬가지로, 고든에 대한 처칠의 묘사는 일차적으로 성격이나 개인적 행동, 즉 고든이 수행한 임무에 초점을 맞추고 있다.[8]

처칠의 관점은, 영광은 결과의 도덕성에 뿌리를 둔다는 것이다. 좋은 의도가 아니라 실질적인 결과 말이다. 나일 계곡을 따라 영국 군대가 수행한 활동이 높이 평가받는 이유는, 그 뒤 우수한 정부를 만들고 또 번영을 가져오는 등 뛰어난 성과를 올렸기 때문이다.[9] 사실 영국 군대는 도로와 각종 인프라를 건설했고 공공사업을 펼쳤다. 1980년대에 나는 여러 번 수단을 방문했는데, 그때마다 수단 사람들이 영국의 오랜 지배 기간과 그 후 10년간의 해방 기간—마디 이후 처음으로 소요, 반란, 그리고 종교적 광신이 다시 찾아오기 전의 기간—을 자랑스럽게 그리고 향수에 젖어 회고하는 것을 들었다.

처칠은 간혹 식민지에 대한 영국의 오랜 지배에 대해 고지식하게 서술하고 있지만 비판적이지는 않다. 실제로 시에라리온의 새로운 민주 정부는 영국 정부에 총독을 귀환시키지 말 것을 요청했으며, 유엔은 보스니아와 코소보에서 인종청소 전쟁이 재발하지 않도록 평화유지군을 주둔시키고 있다. 그리고 오스트레일리아 주둔군도 동티모르 지역의 인권보호에 기여하고 있는 사실을 감안하면, 해당 지역의 주민들에게 정치적 안정을 제공하고 보다 나은 물질적 생활을 보장하는 식민지 개입정책을 옹호했다고 해서 처칠을 비난하기는 어렵다. 사실 처칠이 즐겨 사용한 수사나 의도는 오늘날 도덕적 개입주의자들의 그것과 매우 유사하다.

처칠은, 나일 계곡에 대한 영국의 식민정책에 대해 다음과 같은 이유로 높이 평가하고 있다.

전쟁 중인 부족들 사이에 평화를 가져왔고, 폭력뿐인 곳에 정의를 확립했으며, 노예들의 쇠사슬을 풀어주었고, 토지를 개간하여 부를 창출했다. 또한 사람들이 행복을 누릴 능력을 제고하고 고통의 기회를 줄이기 위해 상거래와 교육을 일찌감치 실시하였다. 인간이 스스로 노력하도록 일깨우는 데 이보다 더 아름다운 이상이나 가치 있는 보상이 어디 있겠는가? 그런 정책은 도덕적이고, 그 시행은 활기찼으며, 그리고 종종 그 성과는 매우

뛰어났다.[10]

서구 진영에서 과거 유고슬라비아 지역에 대한 개입을 고려할 때, 그 역시 폭력을 막고 정의를 확립하고, 적개심을 종식시키고, 상업활동의 재개를 위한 토대를 닦기 위해 추진되었다. 물론 서구는 처칠이나 영국의 다른 식민지 관료와는 달리 수익을 추구하거나 "토지를 개간하여 부를 창출"하지는 않았다. 지역 주민들에 대해 영국이 품었던 것과 같은 종류의 인종적 편견을 갖지도 않았다.

게다가 처칠은 1990년대의 도덕적 개입을 지지하는 사람들보다 한 술 더 떠서, 군사 작전의 도덕적 측면뿐만 아니라 실질적인 중요성에도 주의를 기울였다. 처칠은 1896년 에티오피아 전선에서 이탈리아가 패배하자 이슬람 근본주의자들이 이를 계기로 수단 인근에 있는 친영국 이집트 주둔군을 공격하는 과정을 서술하고 있다. 그러니까 아프리카 동북부 지역에서의 힘의 균형 회복이 키치너 장군이 이끄는 원정의 주된 이유였다.[11] 영국은 당시 평화 시기에 있었고 경제적으로도 번영하고 있었기 때문에 그 원정을 감당할 수 있었다. 그 당시 영국은 주도적인 산업국가였고 금융 중심지 역할을 하고 있었다. 그것이 바로 수단에 대한 영국의 개입과 발칸반도에 대한 미국의 개입 사이의 가장 그럴듯한 유사성일 수 있다. 1990년대 미국은 냉전에서의 승리 후에 세계를 지배하게 되면서 평화를 구가했다. 따라서 미국은 도덕적인 군사 작전이 전략적으로 그리 이득이 되지 않더라도 그것을 할 수 있는 여유가 있었다.

20대 중반 나이에, 처칠은 지역의 현실에 대해 착각에 빠지지 않았다. 처칠은 1960년대 남베트남에 있었던 많은 미국인들과는 달랐다. 그는 이집트에서 영국의 동맹 세력이 저지른 실수를 알고 있었다. 처칠에 따르면, 마디가 반란을 일으킨 진짜 이유는 종교적 광신이라기보다는 이집트인들의 폭정 때문이었다. 수단 사람들은 파멸 직전이었으며, "그들의 재산은 약탈당했고, 여자들은 강간당했으며, 그들의 자유는 억압되었다."[12] 처칠은 비록 순교자 고든 장군을 매우 존경했지만, 고든의 실수에 대해서도 모른 척하지 않았다. 그는 고든의 기독교적 신비주의와 불안정한 성격을 마디의 광신주의에 비유했다.

하지만 처칠의 회의주의는 체념으로 이어지지 않았다. 그는 군사 행동을 좋아했다. 물론 도덕적으로, 전략적으로 가치 있고, 국가가 그것을 감당할 능력이 있다면 말이다. 그리고 기후, 거리, 서로 대립하는 지역 파벌들, 그리고 그 나라의 일반적인 저개발 상태와 같은 장애물들에 대해 환상을 갖지 않았다.

처칠은 독일에 점령된 유럽에 대한 상륙 작전을 1942년에서 1944년으로 연기하자고 미국을 설득함으로써 자신이 환상에 빠지지 않는 사람임을 또 한번 증명했다. 1940년 암흑의 시절에 영국인들을 결집시키기 위해 필요했던 그의 용솟음치는 낙관주의는 미국이 참전하는 그 순간에는 냉정한 자세로 되돌아왔다. 그보다 40년 전에, 수단에서 처칠은 1880년대 말과 1890년대에 마디의 군대를 상대로 한 느리지만 체계적인 군사 작전이 영국에게 승리를 안겨준 과정에 대해 기술했다. 처칠의 인내심과 자제력이 현실주의와 이상주의 사이의 간격을 메꿔준 것이다. 현실주의자는 이상주의자와 동일한 목적을 갖고 있을 수도 있지만, 그러나 현실주의자는 성공을 보장하기 위해서 때로는 행동을 뒤로 미루어야 한다는 것을 이해한다.

―――

식민정책 추진자로서의 처칠은 히틀러에 홀로 맞선 처칠과 분리할 수가 없다. 1940년 라디오를 통해 흘러나오는 그의 말을 귀담아듣는 수백만 명의 사람들에게 영감을 불러일으킨, 그 뛰어나고 열정적이면서도 운율이 척척 맞는 연설은 『강의 전쟁』여러 곳에서도 나타난다. 1890년대와 그 50년 뒤에도, 처칠의 단호한 주전론은 호전성에서 나온 것이 아니라 제국적 운명에 대한 빅토리아 시대의 가슴 벅찬 인식에서 나온 것이었다. 물론 거기엔 벌린이 말한 소위 풍부한 역사적 상상력도 크게 작용했다. 『강의 전쟁』에 대한 뛰어난 분석에서, 미국의 역사학자 폴 A. 라헤는 25세 처칠의 접근방식과 세계관을 고대 그리스-로마 역사가들의 그것에 비유한다.[13] 처칠은 한 국가가 번영하려면 그 국가가 싸워야 할 목표가 항상 있어야 한다는 사실을 알았다.

> 왜냐하면, 로마 제국처럼 더 이상 정복해야 할 땅이 없고 쳐부숴야 할 경쟁국이 없게 되면, 국가들은 권력에 대한 욕망을 예술에 대한 관심으로 돌리게 되기 때문이다. 그리하여 점진적이지만 꾸준히 쇠약해지고 쇠퇴하게 됨에 따라 처음에는 강건한 나체의 아름다움을 추구하던 것이 나중에는 보다 선정적인 옷을 입은 매혹적인 육체를 찬미하게 되고, 그 다음에는 실제적인 에로티시즘과 궁극적인 타락에 빠지게 된다.[14]

조국의 식민주의 활동을 옹호했고 또 나중에는 훨씬 더 강력한 독일에 맞서 조국을 분발케 한 처칠은 조국의 역사와 문명에 깊이 몰두했을 뿐만 아니라 고대 역사에 대해서도 깊게 연구했다. 그는 투쟁하지 않으면, 그리고 투쟁을 부추기는 위기감이 없으면 타락한다는 것을 알았다. 기원전 1세기 로마의 역사가 살루스티우스(기원전 86-34)는 다음과 같이 말했다.

> 로마가 파벌들 간의 전쟁으로 분열된 것은 … 몇 년 전부터인데, 이는 평화의 결과이고 남자들이 최고의 축복으로 여기는 물질적 번영의 결과이다. 왜냐하면 번영이 가져오기 쉬운 악덕은 방종과 자만이기 때문이다.[15]

그 점을 처칠이 인식하고 있었다는 것이 처칠의 강인성, 즉 그리스 인들이 '남자다움'과 '영웅적 모습'으로 여겼던 그런 강인성을 이해하는 데 도움이 된다.[16]

『강의 전쟁』과 제2차 세계대전 중 처칠이 행한 연설들은 특별한 종류의 단호함(hardheadedness), 즉 도덕적 우선순위를 설정하는 능력을 보여주는 본보기들이다. 유화주의자들은 어쨌든 히틀러가 민주적 방식으로 권좌에 올랐기 때문에 스탈린과의 동맹을 추진한다거나 히틀러에 대한 군사 쿠데타를 지원하는 것은 도덕적으로 온당하지 않은 일이라고 여겼다. 라헤 교수는, 유화주의자들은 도덕적 감수성에 빠져 아주 비싼 대가를 치렀다고 썼다. "그들은 현명한 사람들이기보다는 순진한 사람들이었다. 보다 작은 죄를 범하기를 거부함으로써 그들은 훨씬 더 큰 잘못을 저질렀다."

오늘날은 1930년대 말과는 달리, 히틀러와 같은 정도의 위협에 직면해 있지는 않다. 제2차 세계대전과 냉전 당시의 양극 체제는 더 이상 존재하지 않는다. 미국이 당면한 상황은, 수단과 같은 지구 한켠의 무정부지역에서 발생하는 소규모 성가신 전쟁들을 처리해야 했던 영국 빅토리아 왕조 후기의 그것과 훨씬 더 유사하다.[17] 우리는 또 다른 마디와 같은 인물, 즉 오사마 빈 라덴을 체포하기 위해 미국의 원정대가 비슷한 사막 지대를 헤치고 나가는 모습을 떠올리게 된다.

『강의 전쟁』은 현대 세계 안에 있는 고대 세계를 보여주고 있다. 이 책은 지리적 조건과 역사의 오랜 기록을 받아들인 뒤에야 그것들을 극복할 수 있음을 보여준다. 그런 제약사항들은 극복되어야 하는 것이지, 부정한다고 해서 될 일이 아니다. 따라서 외교정책에서 처칠적인 접근방법은 겸손, 즉 오늘날의 투쟁들이 고대의 그것들과 얼마나 놀랍도록 닮았는지를 인식하는 데서 출발한다.

LIVY'S
PUNIC WAR

리비우스가 저술한 『한니발 전쟁』은 애국적 미덕의 모범적 이미지와 함께 현 시대를
위한 교훈을 제공한다. 전형적인 아웃사이더였던 리비우스는 인간의 열정과 동기에 대
해 시대를 초월한 통찰을 제시하면서, 적과 맞서 싸울 용기는 궁극적으로 과거 역사와
그 성취에 대한 자부심으로부터 나온다는 것을 보여준다.

리비우스의 '포에니 전쟁'

리비우스는 "그들이 당신의 신중함을 겁먹은 것으로, 지혜를 태만으로, 그리고 지휘력을 약함으로 폄하하더라도 신경쓰지 말라. 여리석은 친구들이 칭찬하는 소리를 듣느니보다는 현명한 적이 당신을 두려워하도록 하는 편이 훨씬 더 낫다"고 충고한다.

고 대 세계가 현대 세계와는 달랐다는 것은 불문가지이다. 헤로
도토스는, 우리들이 보기에는 너무나 이상하고 또 충격적이지
만 2500년 전에는 평범했던 관습들과 잔악행위들을 기록하고 있다.
중앙아시아의 이세도네스 사람들은 죽은 사람들의 뼈를 잘게 토막내
서 양의 뼈와 섞었다. 스키타이 사람들은 희생 제물의 목을 잘라 피를
뽑아 그릇에 담았고 사지를 잘랐으며 잘려진 정강이들을 공중에 던졌
다. 트라키아(Thracia)의 트라우시(Trausi) 사람들은 아이가 태어나면
그 아이가 평생 동안 겪어야 할 고통을 생각하며 울었고, 장례식에 가
서는 존재의 고통이 끝났다고 즐거워했다. 페르시아 사람들은 피지배
민족의 남자 어린아이들 가운데 잘생긴 아이들은 거세를 시켰고 나머
지는 생매장을 했다. 헤로도토스가 이런 엽기적인 공포를 과장하여 서
술했을 수도 있고 또 일부는 지어낸 것일 수도 있으나, 당시의 이런 잔
혹행위는 일상적인 것이어서 대개는 사람들의 주목을 끌지 못했다. 그
이후 시대이지만 검투사가 죽을 때까지 싸운 것이나 기독교도들이 굶
주린 사자의 밥이 된 것 등에서 볼 수 있듯이 말이다.

과거와 현재의 차이점들을 파악하기 위해 따로 수고를 할 필요는 없
다. 하지만 인간의 열정과 동기는 수천 년이 지난 지금도 거의 변하지
않았기 때문에, 현 시대와의 유사점들은 기묘할 정도로 많다. 따라서
과거에 대한 지식은 우리가 오늘날을 이해하는 데 도움을 준다. 그래
서 조너선 스위프트(1667-1745)는 "비교하지 않고는, 어느 것도 크거
나 작다고 볼 수 없다"고 썼다.[1] 스위프트의 걸작 『걸리버 여행기』에
서 거인국 브로브딩낙(Brobdingnag)에 사는 거인들은 걸리버가 자신
의 문명에 대한 자만심에서 벗어나 멀리 볼 수 있도록 하는 반면, 소인
국 릴리푸트(Liliput)에 사는 난쟁이들—현대인들을 풍자한 것이다—

은 "매우 정확히 보기는 하지만, 아주 멀리서는 보지 못한다."[2]

미국의 대중집회에서 흔히 하는 말을 들으면, 사람들은 도덕성이 전적으로 유대-기독교 문명에서 나온 것으로 생각하는 듯하다. 그러나 도덕성은 고대 그리스의 플루타르코스가 영웅들을 묘사할 때의 중심 주제였다.[3] 플루타르코스는 그리스의 정치인 알키비아데스와 로마의 장군 코리올라누스(기원전 6세기 말-5세기 초)를 비교하면서 "테러, 폭력, 그리고 억압에 의해 권력을 유지하는 것은 명예롭지 못할 뿐 아니라 정의롭지도 못하다"고 기술하고 있다.[4] 세네카는 내키는 대로 국가를 운영하는 지도자들을 꾸짖었는데, 그가 아는 많은 국가들이 자국의 지도자를 견제하기에 너무도 허술한 제도를 갖고 있거나 아예 그런 제도가 없었다. 그 점은 오늘날의 몇몇 개발도상국들도 마찬가지다.[5]

그리고 기원전 1세기경 키케로(기원전 106-43)는 "외국인들을 우리 로마 사람들보다 나쁘게 대우함으로써 인간 사회의 모든 토대는 위협받게 된다"고 했는데, 그는 국제사회를 위한 기초를 이미 제시한 셈이다.[6] 시대는 우리가 생각한 것만큼 변하지 않고 있는 것이다.

———

도덕성에 대해 그리고 개개의 인간이 사건들에 미치는 영향에 대해 로마의 역사가 리비우스(기원전 64-17)보다 더 관심을 기울인 작가는 없을 것이다. 그리고 고대 세계와 우리가 떠나온 20세기가 기묘할 정도로 닮았다는 사실을 리비우스의 『한니발 전쟁』만큼 잘 묘사한 저술도 없을 것이다. 이 전쟁은 많은 점에서 제2차 세계대전과 유사하기 때문에 우리 시대의 오만에 대해 경고하는 것처럼 보인다.[7]

그 이전 세대들도 마찬가지지만, 베이비붐 세대는 자신들의 세대가 특이하다고 믿고 있다. 다시 말해 자신들의 세대는 독특해서 이전 세대들보다 더 똑똑하고 계몽되어 있다고 생각한다. 리비우스는 그런 생각이 역사적으로 얼마나 일반적인 것인지를 서술하는 한편, 세대마다 되풀이되는 그런 자만심에 대해 경고한다. 카르타고의 한 장군이 동포들에게 자신들의 행운은 영원하지 않다는 사실을 설득하는 데 실패했을 때, 리비우스는 이를 비꼬아 "좋은 시절에 그 실체에 그늘을 드리울 주장에 귀를 기울이지 않는 것은 인간의 본성이다"라고 썼다.[8]

리비우스는 기원전 59년 파타비움(Patavium, 오늘날의 파두아)에서 태어나 서기 17년 로마에서 죽었다. 그는 반평생을 바쳐 142권으로 구성된 로마의 장대한 역사를 서술했는데, 『한니발 전쟁』은 그 가운데 21권에서 30권에 걸쳐 있다.[9] 리비우스는 정치에 관해서는 기록하지 않았으며, 따라서 결과적으로 자기 나름의 판단적 지식을 포함하지 않았다. 뿐만 아니라 리비우스는 자기 시대의 문학에 대해서도 그다지 언급하지 않았다. 당시에 시인 호라티우스(기원전 65-8)와 베르길리우스(기원전 70-19)[7]가 필명을 날리고 있었는데도 말이다.

호라티우스나 베르길리우스와는 달리, 리비우스는 자기 시대의 번영을 불신하면서 로마의 타락을 그 쇠락의 시작으로 간주했다. 호라티우스는 로마가 세계를 정복한다는 예언을 내놓았고 베르길리우스는 아우구스투스를 찬양했지만, 리비우스는 자신의 동료 로마인들이 무시했던 위험이 지평선 위로 떠오르고 있음을 기록했다.[10] 인간과 사건에 대한 다채로운 기록과 인간 본성에 대한 흥미로운 통찰력 때문에, 지극히 방관적인 리비우스의 저술은 아직도 읽히고 있다.

리비우스

『한니발 전쟁』은 애국주의의 고대판을 보여준다. 모국에 대한, 국기와 군대 휘장에 대한, 그리고 모국의 역사에 대한 자부심 말이다. 리비우스를 읽다 보면, 우리가 국경일과 독립기념일에 국기를 게양하는 것이 왜 고결한 행동인지, 그리고 처칠적인 외교정책에서 국가적 긍지가 필수조건인 이유를 이해할 수 있다.

리비우스의 여러 책들 속에는 애국적 미덕과 극단적인 희생의 모범적인 모습들이 묘사되어 있다. 기원전 6세기 후반, 로마군 사령관으로서 에트루리아의 왕들을 무찌른 브루투스는 자신을 배반한 아들을 죽였다. 또 다른 로마의 사령관 가이우스 무키우스 스카볼라는, 자신은 에트루리아인들을 패퇴시키기 위해서 어떤 고통도 감수하겠다는 의지를 보여주기 위해 불타는 제단에 자신의 손을 집어넣었다.

리비우스는 포위된 로마군의 보강을 위해, 기원전 458년 "농사를 짓던 중" 소환된 킨키나투스에 관한 유명한 사실도 기록하고 있다.[12] 킨키나투스는 그가 쌓은 공적 때문에 비상 상황에서 독재관(dictator)으로 임명되었지만, 군사적 위기가 끝나자마자 그 자리에서 물러났다. 리비우스의 설명에 따르면, 킨키나투스가 토가(toga, 고대 로마시민의 겉옷)를 걸치고 집을 나서 티베르강을 건너는 순간, 그는 공화국의 보다 큰 선을 위해 자신의 가족을 상징적으로 희생하고, 국가를 위해 자신의 부를 위험에 빠뜨렸다.[13] 그 후에 그가 다시 자신의 농장으로 돌아간 것은 국가가 더 이상 위기 상황에 처해 있지 않다면, 그에게 권력은 가족의 안녕보다는 덜 중요하다는 점을 보여준다. 리비우스가 사실을 얼마나 각색했든, 우리는 그가 강조하려는 가치들이 무엇인지 알 수 있다. 알렉시스 드 토크빌처럼, 리비우스는 건강한 공화국은 강력한 시민적 유대와 가족애로부터 형성된다는 사실을 이해하고 있었다.

리비우스가 범한 사실적 오류 그리고 로마 공화정에 대한 낭만적인 관점을 감안한다 해도 그가 서술한 보다 큰 진실이 훼손될 수는 없다. 되풀이하여 강조하지만, 고전을 읽는 것은 그 세부적인 사실들을 알기 위해서가 아니라 우리의 시대에 대해 생각하는 방법을 알기 위해서이다. 예컨대, 우리는 처칠 같은 19세기의 젊은이들에게 고전이 가졌던 매력을 되찾을 필요가 있다. 그들은 비평하거나 사실 확인을 위해 고전을 읽은 것이 아니라 영감을 얻기 위해 읽었고, 또 그래야만 했다.

사실 로마의 시민사회에 대한 리비우스의 믿음은 보기보다는 덜 낭만적이었다. 그의 믿음은 공화국 정부의 굳건한 성취에 기초하고 있다. 전쟁 상황에서도 선거와 인구조사가 매년 실시되었고, 징병은 조직적으로 실시되었으며, 징집면제 신청은 공평하게 처리되었다.[14]

———

제1차 포에니 전쟁은 시라쿠사(이탈리아 시칠리아 섬 남동부의 항구 도시—옮긴이)에서 로마인들과 그리스인 이주민들 사이에 발생한 지역 분쟁에서부터 시작되었지만, 동맹국들 사이의 문제가 복잡하게 얽히면서 시칠리아 전역에 걸쳐 로마와 카르타고가 전면전을 벌이는 사태로 확대되었다. 이 전쟁은 카르타고의 패배로 끝났고, 로마는 카르타고에게 치욕적이고 엄청난 전쟁 배상금을 부과했다. 20세기의 유럽에서와 마찬가지로, 그 전쟁은 제2차 전쟁으로 이어졌다. 『한니발 전쟁』은 유럽과 북아프리카에서 기원전 202년까지 17년간 중단 없이 벌어진 제2차 포에니 전쟁에 관한 이야기인데, 이 전쟁에서는 지중해에 면해 있는 많은 지역들을 궤멸시킨 일련의 대규모 전투들이 벌어졌다. 제2차 세계대전 이후의 미국과 같이, 제2차 포에니 전쟁에서 승리한 로마는 세계 최강국이 되었다.

리비우스는 제2차 포에니 전쟁에 대한 기술을 "역사상 가장 기억할 만한 …"이라는 말로 시작한다.[15] 이 전쟁을 역사상 가장 규모가 큰 것들 가운데 하나라고 말해도 과장이 아닐 것이다. 이 전쟁은 당시 서구가 알고 있던 전세계를 전화 속으로 몰아넣었다.

리비우스는 카르타고의 사령관 한니발(기원전 247-183)을 이상화했다고 비난 받아왔다. 하지만 그 책을 처음 읽는 사람은 다른 뭔가를 발견하게 될지도 모른다. 리비우스가 묘사한 한니발은 폭력과 혼란에 대한 허무주의적 갈망 때문에, 산업시대 이전의 히틀러 같은 요소들을 가지고 있다. 한니발은 그 당시의 기준으로도 무자비했다. 그는 토지를 몰수했고, 정복이라는 상황 말고는 달리 설명할 수 없는 이유로 아이들을 산 채로 불태웠다. 한니발은 가짜 영웅적 지도자였다. 그는 자신의 지배를 정당화하고 자신의 죽음의 기원(death wish)을 충족시키기 위해 끊임없이 전쟁을 일으켰다.[16] 히틀러와 마찬가지로, 한니발은 이전 전쟁의 결과로 인해 강요된 부당한 평화에 격분했다. 게다가 한니발은 전쟁에서 패배하자 스스로를 탓하는 대신에 카르타고 사람들에게는 자신이 과분한 지도자라고 말하며 동포들을 비난했다.

한니발은 이전의 전쟁으로 인해 정신적으로 지친 적을 공격하는 이점을 활용했다. 미국의 의회와 마찬가지로—미국은 히틀러가 베르사유 조약을 무시한 채 라인란트를 침범하고, 더 나아가 폴란드를 공격했을 때 아무런 대응을 하지 않았다—로마의 원로원은 제1차 포에니 전쟁의 종전 조약을 위반하고 스페인 등 로마 영토를 장악한 한니발의 위협에 어떻게 대처할지 몰라 큰 혼란을 겪었다.[17] 예일 대학 도널드 케이건 교수는 제2차 포에니 전쟁과 제2차 세계대전의 원인을 비교하면서 "로마인들은 처음에는 현실을 외면했고, 그 다음에는 목적에 부적합하게 행동했다"[18]고 쓰고 있다. 유화정책(appeasement)은 로마 원로원의 지지를 받고 있었다. 루스벨트적인 귀족들은 카르타고가 야기한 위험에 대해 경고를 했지만, 고립주의적인 지방민들은 행동하길 거부했다. 한니발이 스페인 동부지역을 떠나 알프스를 넘어 국경을 침범한 뒤 로마를 압박했을 때, 인기 영합적이고 고립주의적인 호민관 헤레니우스는 원로원에서 전쟁을 원하는 사람들은 오직 귀족들뿐이라고 연설했다. 하지만 원로원은 이제 로마가 행동을 취할 때이며, 남은 길

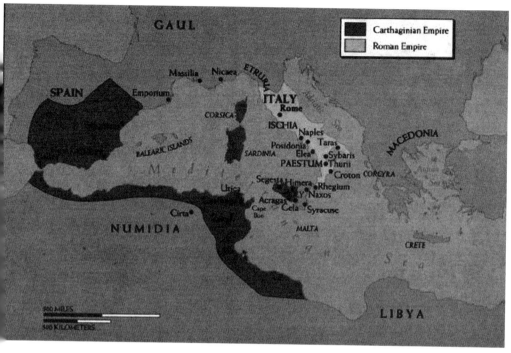

로마 VS 카르타고

은 오직 전면전밖에 없다는 것을 알고 있었다.

기원전 216년 "이탈리아 전역은 거의 황폐화되었고" 이탈리아 동남부 칸네(Canne)에서 벌어진 전투에서 한니발에 의해 수만 명의 로마 병사들이 죽임을 당했다. 당시 로마의 상황은 던커크 철수 이후 그리고 영국 전투 직전의 영국과 유사했다.[19] 리비우스는 "로마가 지금 당장 해결해야 할 것은 … 역사상 전례가 없는 것으로서"라고 마치 처칠의 연설을 미리 암시하는 듯한 어투로 기록했다.[20] 처칠이 이끄는 영국과 마찬가지로, 로마는 강화를 제의하기를 거부하고 계속 싸웠다.

카르타고의 한니발

　로마의 제한적 민주주의는 단기적으로는 약점으로 작용했다. 로마의 헌법은 군통수권을 매년 한 차례씩 두 명의 선출직 지도자에게 부여했는데, 이는 종종 전투 지휘력을 약화시켰다.[21] 게다가 국가가 한니발 군대를 몰아내는 데 필요한 조치를 언제라도 국민들에게 요구할 수 있는 것도 아니었다. 정부 당국과 고통당하는 지방민들 사이에 분노에 찬 언쟁이 이탈리아 전역에서 빈번하게 일어났다. 그러나 지방민들이 반란을 일으키지 않도록 막은 것은, 궁극적으로 그들에 대한 로마의 관대한—지중해 역사상 전례가 없을 정도로—정책이었다.[22] 장기적으로 볼 때, 로마를 카르타고가 흉내낼 수 없을 만큼 다른 국가로 만든 것은 민주주의—오늘날의 민주주의보다 훨씬 초보적인 것이기는

로마의 파비우스

했지만—였다. 리비우스는 로마의 집정관 바로(기원전 116-27)의 말을 인용하여, 카르타고는 "야만족 군대다." 왜냐하면 그 병사들은 "법 치하의 문명에 대해서는 아는 것이 아무것도 없었다"고 기록했다.[23]

　카르타고의 병사들은 다양한 언어를 사용하는 용병들로 구성되어 있었기 때문에 한니발은 통역자가 없이는 의사소통을 제대로 할 수도 없었다. 한니발 군대가 공통의 목적이 없었다는 점도 카르타고의 패배에 한몫했다. 역설적으로 로마 내부의 많은 정치적 토론들은 잠재적인 안정을 가져왔는데, 이는 성공적인 국가가 건강한 정치적 역동성을 유지하기 위해서는 어느 정도 혼란을 용인해야 한다는 마키아벨리의 주장을 떠올리게 한다.

한니발에 대항하여 전쟁을 치른 로마 사람들은, 제2차 세계대전 중에 그리고 뒤이은 냉전시대에 미국을 이끈 강력한 대통령과 같은 최고 지도부가 필요했다. 명망 있는 과두정인 로마의 원로원은 최고 전쟁위원회가 되어 통치했던 반면, 선출된 민회는 그들의 힘이 빠지는 것을 바라볼 수밖에 없었다.[24] 원로원은 카르타고의 위협을 제때 인식했지만, 한때 로마인들은 한니발이 스페인에서 거둔 승리에 대해 그다지 관심을 두지 않았었다. 그리고 이제는 로마인들이 한니발에 대한 복수를 요구했지만 원로원은 오히려 신중하게 움직였다.

리비우스는 집정관 파비우스(Quintus Fabius Maximus Cunctator, ?-기원전 203)의 "현명한 지연 전술"은 "끔찍할 정도로 계속된 로마의 패배"를 종식시켰고 한니발에게 로마가 드디어 유능한 전쟁 지도자를 뽑았구나 하는 두려움을 안겨주었다고 기록하고 있다. 하지만 로마인들이 보기에 파비우스의 작전은 "경멸스러울 뿐이었다."[25] 리비우스는 파비우스의 말을 인용하여 다음과 같이 서술한다.

그들이 당신의 신중함을 겁먹은 것으로, 지혜를 태만으로, 그리고 지휘력을 약함으로 폄하하더라도 신경쓰지 말라. 어리석은 친구들이 칭찬하는 소리를 듣기보다는 현명한 적이 당신을 두려워하도록 하는 편이 훨씬 더 낫다.[26]

이와 같이 리비우스는 대중의 견해라는 것이 종종 어떻게 잘못될 수 있는지를 상기시킨다. 리비우스가 묘사한 한니발은 진실인가? 심지어

리비우스를 저평가 하는 사람들마저도 개인의 특성(personality)과 그것이 사건에 미치는 영향에 대해서 그가 남다른 감각을 갖고 있었다는 점만은 인정한다. 리비우스가 다소 낭만적인 통속 소설가였는지도 모르지만, 한편으로 그의 견해는 아우구스투스 황제 시대 로마인들이 자신들의 과거와 적들을 어떻게 인식했는지를 대변하는 것일 수 있다. 만약 리비우스가 아니었다면(그리고 키케로가 아니었다면), 공화주의(republicanism)가 로마에서 하나의 이상(ideal)으로서 살아남았을지 의심스럽다. 비록 그것이 실제로 재구축되지는 않았지만 말이다.

리비우스가 살았던 로마 시대와 그보다 200년 전인 제2차 포에니 전쟁 당시의 로마의 차이는, 냉전시대의 미국과 제2차 세계대전 시기 미국 간의 차이와 비슷하다. 리비우스가 살던 시절, 로마에서는 소농들이 몰락하고, 도시와 그 주변으로 인구 이동이 일어났으며, 사회가 한층 더 복잡하고 풍요로워진 가운데 금권정치가 등장했고, 중과세와 징집에 대한 잇따른 저항이 일어났다. 반면 제2차 포에니 전쟁 당시의 로마는 비교적 단합된 시대로서 위험한 적에 맞서 애국심이 충만했다.

리비우스의 이야기 속에는 자부심과 향수가 가득 차 있는데, 그것은 제2차 세계대전 시대를 묘사하는 요즘의 책에서도 흔히 볼 수 있는 일이다. 로마의 전령이 광장에 도착해 눈물을 흘리며 환호하는 군중들에게 카르타고 군대가 이탈리아 북동부 세나에서 격퇴되었고, 카르타고 장군 하스드루발(Hasdrubal)이 죽었다는 사실을 알린 것처럼, 역사는 어김없이 되풀이되어 독일과 일본이 항복했다는 소식을 들으러 거리로 쏟아져 나온 군중들을 우리는 떠올릴 수 있다.

리비우스는 우리들의 적과 맞서게 하는 힘(vigor)은 궁극적으로 우리들의 과거 역사와 성취에 대한 자부심으로부터 나온다는 것을 일깨워준다. 역사를 낭만적으로 묘사하는 것은 권장되어야 할 일이지 부끄러워할 일은 아니다.

리비우스는 또 다른 교훈들도 전해준다. 군사적 패배 뒤에 로마가 독재관을 선택한 것에 대해 리비우스는 "병든 사람은 건강한 사람에 비해 약간의 고통이라도 훨씬 더 민감하게 느끼는 것"과 마찬가지로, 절망에 빠진 국가는 단지 사소한 좌절만 겪어도 극단적인 해결책을 선택하게 된다고 설명한다.[27] 페루가 1990년에 독재자에 가까운 알베르토 후지모리를 선택한 것, 그리고 베네수엘라가 우고 차베스를, 파키스탄이 페르베즈 무사라프를 선택한 것은 리비우스의 말이 진실이었음을 보여준다. 카르타고가 로마와 맺은 불가침조약을 파기했을 때, 리비우스는 '법적 측면'은 그것이 현실적인 힘의 균형을 반영하지 않는 한 대체로 의미가 없다고 서술했다. 이 점은 훗날 20세기 프랑스의 휴머니스트 레이몽 아롱 (1905-1983)도 언급했다.

사람들은 국제법은 장기적으로 현실을 따르기 마련이라는 사실을 알고 있다. 영토는 그 상태가 지속된다면, 반드시 법률상 정당한 것으로 인정받게 되어 있다. 경쟁 국가의 도발을 차단하려는 강대국은 미리 도덕적 불승인을 선언할 것이 아니라 무장을 해야 한다.[29]

소름끼치는 살육현장의 모습들—시체 위에 잠든 사람들, 주민 모두가 몰살된 마을, 지진조차도 개의치 않을 정도로 치열했던 전투 등—은 전쟁의 공포가 변함없음을 생생하고도 세세하게 보여준다.[30] 리비우스를 읽고 나면, 지금부터 백여 년이 지난 후에는 베트남 전쟁이 냉전 시대 미국이 지배하는 제국의 변경에서 일어난 사소한 국경 분쟁이자, 한 동안 미국의 지배층 엘리트와 대다수 시민들 사이의 유대를 깨트린 사건으로 기억될지도 모른다는 생각이 들게 된다. 혹은 베트남은 또 다른 시라쿠사로 비쳐질지도 모른다. 시라쿠사는 펠로폰네소스 전쟁 중 아테네가 원정군을 보내 진압하려 했던 시칠리아 섬의 부유한 도시인데, 바보 같은 지도자들이 너무도 광범한 지역을 그리고 본국에서 너무도 떨어진 곳을 정복하려 했기 때문에 그 원정은 비참한 실패로 끝났다. 1960년대 초 미국의 베트남 정책도 이와 비슷했다.

제2차 포에니 전쟁과 제2차 세계대전 둘 다 중대한 국면들이 끊임없이 이어지는 드라마 속의 사건들이었으며, 그 각본은 한 번도 사전에 결정된 적이 없었다. 한니발의 위협에 직면했을 때 로마인들이 그랬던 것처럼 우리가 우리 자신을 믿는다면, 우리는 그 결과들을 바꿔놓을 힘을 가지고 있다. 비록 리비우스가 기록한 역사가 우리 자신들의 투쟁을 별 게 아닌 것으로 보이게 할지도 모르지만, 리비우스가 카르타고에 대한 로마의 승리 이야기를 통해 우리에게 영감을 주었던 방식으로, 만약 미래 세대들이 파시즘과 공산주의에 대한 우리의 승리에서 영감을 얻는다면, 지금부터 천년 후에는 그런 투쟁들이 틀림없이 영웅적으로 보일 수도 있음을 또한 보여준다. 처칠은 고대 세계에 대해 그와 같은 식으로 인식했으며, 우리 시대의 지도자들 또한 그와 같이 인식해야 할 것이다.

SUN-TZU AND THUCYDIDES

손자의 『손자병법』만큼 지식과 경험이 날카롭게 응축된 철학서도 없다. 처칠의 도덕성 (morality)이 단호함(hardheadness)을 의미하고, 리비우스의 도덕성이 애국적 미덕 (patriotic virtue)을 의미한다면, 손자의 도덕성은 전사의 명예(warrior's honor)를 의 미한다. 도덕적인(virtuous) 지도자는 "때에 따라 개인적인 명성을 얻는 데 연연하지

손자와
투키디데스

않고 앞으로 나아가며, 어떤 처벌을 감수하고라도 물러날 줄 아는 사람이다." 투키디데스의 『펠로폰네소스 전쟁사』는 정치적 담론에 현실주의를 도입했다. 이기심은 노력을 낳고, 노력은 선택을 낳는다는 투키디데스의 개념은 2400년 전 그가 기록한 역사가 운명 결정론에 맞서는 무기가 되게 한다.

프 로이센의 장군 클라우제비츠(1780-1831)에 따르면, 대외적 위기(foreign crisis)는 전쟁과 마찬가지로 "불확실성의 영역이고, 더 크거나 더 작은 불확실성의 안개 속에 감춰져 있다." 그리고 바로 그러한 불확실성의 안개 속에서 "직감적인 판단력을 갖고 진실을 감지하기 위해서는" 폭넓은 지적 능력이 요구된다.[1]

외교 정책은 완벽한 정보를 바탕으로 수립할 수가 없다. 심지어 최고의 스파이, 지역전문가, 그리고 위성정찰에도 불구하고 여전히 결정적인 암흑지대가 있기 마련인데, 그것은 정보 부족이나 정보 과잉뿐만 아니라 그것들이 초래하는 혼란 때문에 발생한다. 따라서 직감적인 판단력이 중요하다. 대통령 혹은 각 분야의 지도자들은 지적으로 불충분하더라도 훌륭한 판단을 할 수 있다. 마키아벨리는 키케로의 말을 빌어, 자유를 중시하는 일반 사람이라면 보통 그 사실을 알아차릴 것이라고 설명한다.[2] 로널드 레이건이 그런 류의 사람이었다.[3] 해리 트루먼(1884-1972, 그는 여행 중에 플루타르코스의 『영웅전』을 지참했다)과 마찬가지로 레이건은 대부분의 사람들이 생각하는 것과는 달리 책을 많이 읽는 사람이었지만, 둘 다 지적 자질이나 정규 교육이 부족했으며, 또한 그들 시대의 정치 엘리트들로부터 비웃음을 받았다.

국무장관 혹은 외무장관은 대통령이 추진하고자 하는 바를 정교한 실행으로 전환시키지 않으면 안 된다. 그렇게 하려면 지적 감각이 필요한데, 문학(literature)이야말로 가장 훌륭한 보고이다. 왜냐하면 문학은 가장 뛰어난 사람들의 통찰력을 통해 읽는 이의 경험을 증강시켜주기 때문이다. 예를 들면, 19, 20세기의 독자들에게 전쟁과 전략이 무엇인지를 정의해준 클라우제비츠는 실러의 연극과 시, 그리고 칸트의

도덕철학에 심취했었다.⁴

만약 문학이 정치가들에게 드러나지 않는 힘의 원천이라면, 전쟁과 정치에 관한 고대의 고전보다 우리의 목적에 더 부합되는 것도 없다. 그러한 고전은 우리들 대부분이 지나치게 현재에만 몰두하면서, 과거와 그 모든 교훈들은 아예 존재하지 않는 것처럼 느껴질 정도로 최신 뉴스와 여론조사에만 매달리는 미디어 시대에 특히 중요한, 현재로부터의 정서적 거리를 제공해주기 때문이다.

역사를 무시하면 무시할수록 미래에 대한 망상은 더욱더 커진다. 합리적인 계몽운동에 노출된 적이 거의 없고 또한 광범한 지역의 다민족으로 구성된 러시아가, 영토 규모도 작고 또 단일민족으로서 중부 유럽의 전통을 고스란히 유지하고 있는 폴란드에 비해 성공적으로 민주주의 체제로 전환할 것이라는 기대는 러시아의 역사와 지리를 무시한 결과였다. 중국이 민주주의 체제로 신속히 전환하도록 촉구하는 것은 제도가 빈약하고 중산층이 얇거나 혹은 아예 없는, 그리고 민족적 분열을 겪고 있으며 민주주의의 경험이 일천한 지역이라는 사실을 간과하는 것일 뿐만 아니라 과거 중국의 왕조들이 붕괴했을 때 발생한 폭력과 혼란을 무시하는 것이다.
고전은 이런 역사적 기억상실증을 막는 데 도움을 준다. 마키아벨리는 다음과 같이 기록하고 있다.

미래를 알고자 하는 사람이라면 과거를 살펴보지 않으면 안 된다. 이 세상 어떤 곳에서 발생하는 그 무엇이라도 고대에 그 전례가 존재했다. 예나 지금이나 똑같은 열정을 가진 사람들이 그

런 행동을 하기 때문에, 틀림없이 똑같은 결과를 초래한다.[5]

공자는 이를 한층 더 간단히 표현했다.

나는 진리(truth)를 좋아하기에, 고대를 숭배한다.[6]

뛰어난 고대 사상가들을 읽으면 비범한 논리적 일관성, 명쾌한 분석, 그리고 일치된 신념들이 다양하게 표현되고 있는 것을 발견할 수 있다. 고대에 대한 잘못된 판단은 뼈아픈 실패를 초래할 수 있으므로, 정치 철학은 명백한 이점을 가지고 있다. 그 점은 그리스-로마의 현인들뿐만 아니라 고대 중국의 현인들 역시 마찬가지이다.

———

지중해 문명과 중국 문명은 거의 동시에 등장하였으나, 서로 알지 못한 채 수천 년을 지냈다. 기원전 3세기 말 로마의 전성기, 즉 로마와 카르타고가 제1차 및 제2차 포에니 전쟁을 치르고 있을 무렵, 중국은 전국시대를 마감하고 한의 지배 아래 통합되었다. 한 제국의 등장으로 강한 국가들이 약소국들을 지배하고, 더 강력한 국가들에 의해 대체되는 과정이 종말을 고하게 되었다. 무정부의 시대에도 불구하고, 중국의 봉건제도는 차츰 초기 형태의 관료주의로 전환되고 있었다. 요컨대 중국 문명과 지중해 문명 사이에는 많은 차이들이 있었음에도, 중국인들 역시 지중해 지역과 마찬가지로 여러 상이한 집단과 주권국들로 나뉘어졌고, 이는 전쟁, 정복, 권력 정치로 이어졌기 때문에, 중국과 그리스, 로마의 고대 철학자들은 인간 본성에 대해 유사한 결론을 내리게 되었다.

손자의 『손자병법』만큼 지식과 경험이 날카롭게 응축된 철학서도 아마 없을 것이다. 만약 처칠의 도덕성이 단호함(hardheadness)을 의미하고, 리비우스의 도덕성이 애국적 미덕(patriotic virtue)을 의미한다면, 손자의 도덕성은 전사의 명예(warrior's honor)를 의미한다. 손자가 말하는 가장 명예로운 전사는 정치력이 뛰어나서 심지어 군사적 다툼을 피할 수도 있다.

손자의 일생은 분명하지 않다.7 손자는 기원전 4세기경 중국의 관료였을 가능성이 높지만, 그는 아예 실재했던 인물이 아닐 수도 있다. 『손자병법』은 기원전 3세기 말 상대적으로 안정된 한의 통치가 있기 전, 혼란스런 춘추전국시대를 경험한 많은 사람들의 축적된 지혜를 담은 것일 수도 있다. 진실이야 어쨌든 『손자병법』은 병법서라기보다는 전쟁을 알고 또 그것을 혐오한, 그리고 때에 따라 전쟁은 필요악이라는 것을 인식한 사람이 쓴 철학서에 더 가깝다.

춘추전국시대에는 활을 쏘는 병사들, 전차를 모는 병사들, 그리고 보병들이 산과 습지를 가로질러 수백 마일이나 대열을 지어 전투를 벌였다. 전쟁에는 수십만 명이 동원되었는데, 징병은 물론이고 전문적인 용병도 있었다. 고통은 이루 말할 수 없었다. 손자의 충고 가운데 특히 스파이에 관한 장에는 극단적인 내용들이 있는데, 그것은 손자가 스스로를 불명예스럽게 만들지 않고도 전쟁을 피하기 위해서는 종종 극단적인 조치가 필요하다는 것을 경험을 통해 알았기 때문이다.

손자는 전쟁에서 '최고의 미덕'은 절대 싸우지 않는 것이라고 말한다. 왜냐하면 전투의 개시는 정치의 실패를 의미하기 때문이다. 손자로부터 2300년 뒤에 클라우제비츠가 되풀이한 것처럼, 전쟁은 원치 않는 것이지만 때로는 불가피한 정치의 연장이다. 손자는 정치의 실패에 따른 폭력적 결과인 전쟁을 피하는 최상의 방법은 전략적으로 사고하는 것이라고 말한다. 자국의 이익을 전략적으로 추구하는 것은 냉정하고 몰도덕적인 사이비 과학이 아니라, 전투의 무서움을 알고 또 그것을 피하려는 사람들의 도덕적 행동이다.

손자에 따르면 "배고픈 사람처럼 계획을 짜고 계산하는" 사령관은 전쟁을 피할 수 있다고 한다. 예를 들면, 빌 클린턴 대통령이 1999년 봄 나토의 공습이 있기 수개월 전에, 막상 전쟁이 터진 후 그가 보여준 것만큼 철저히 코소보 문제에 집중했다면, 애초에 전쟁을 피할 수 있었을지도 모른다. 조지 부시 대통령이 1990년 사담 후세인이 쿠웨이트를 침공하기 몇 개월 전부터 보다 효과적으로 이라크에 집중했다면, 그 또한 전쟁을 호소할 필요가 없었을지도 모른다.

손자는 공자의 말에 전적으로 동의하면서, 미덕이란 명성이나 인기와는 정반대되는 것일 수가 있으므로 진정한 사령관은 대중의 여론에 전혀 흔들리지 않는다고 주장한다.[8] (플루타르코스는 인기와 독재는 '똑같은 결함'이므로, 하나는 다른 하나로 귀결된다고 말한다.) 손자가 말하는 도덕적인 사령관은 군대와 국민에게 이익이 된다면 "개인적인 명성을 얻는 데 연연함이 없이 진군하거나, 어떤 처벌을 받더라도 철군하는" 사람이다. 1920년대 오스만 제국의 잔해 위에 터키를 재건하던 중에, 무스타파 케말 아타튀르크는 종종 상당히 불리한 상황에서도 그 자신이 위험을 감수하면서 휘하의 군대를 진격시켰다. 1930년대에 아타튀르크는 지역의 안정을 위해 이라크의 석유지대에 대한 권리 주장을 거뒤들였는데, 이것은 손자가 칭찬해 마지않을 그런 조치였다.

손자는, 전쟁을 피하기 위한 전략적 우위를 얻는 데 필요한 것이라면 모든 방식의 간계가 용인된다고 보았다. 전쟁을 피하려면 멀리 내다볼 수 있어야 하므로 손자는 스파이의 역할을 강조했다.

미래를 내다보는 일은 귀신이 가르쳐주는 것이 아니다. 그것은 사람이 하는 일이다. 적의 정세를 잘 아는 사람이 말이다. 따라서 가장 우수한 사람들을 스파이로 활용할 줄 아는 선견력 있는 통치자와 뛰어난 사령관만이 위대한 과업을 달성하게 된다.[10]

손자에 따르면, 훌륭한 스파이는 유혈참사를 예방한다. 미국과 같은 사회는, 간혹 스파이 활동 때문에 엄청나게 비난받고 있고, 그 결과 가장 우수한 사람들을 정보 활동 분야에 끌어들이지 못함으로써 불필요한 전쟁에 정기적으로 말려들게 된다. 제2차 세계대전 이후의 세대가 보여주는 역설(그리고 그들의 가치를 반영한 미디어)은 그들이 역사적으로 심각한 인권침해를 사전에 경고해주었던 정보 활동을 비난하면서 인권의 시대를 외치는 것이다.

기원전 1, 2세기에 진과 한의 역사를 기록한 사마천(기원전 145-85년경)은 손자보다 200년 뒤의 사람인데, 역시 유혈사태를 예방하기 위한 것이라면 기만술도 용인했다. 그는 『사기』에 다음과 같이 기록했다.

"위대한 행동은 사소한 가책에 주저하지 않으며, 큰 덕은 세세한 사항에 구애받지 않는다. 작은 것에 집착하고 큰 것을 망각하는 사람은 훗날 그 대가를 치를 것이다."

스파이 활동을 하는 사람들은 부득이 야비하고도 비도덕적인 사람들과 사귀기 마련이다. 만약 콜롬비아의 마약 갱단 내부에 침투하고자 한다면 악역을 할 수 있는 사람을 채용하지 않을 수 없다. 다만 그런 범죄 활동에는 착한 사람이 어울리지 않을 것이다. 달성하기 매우 어려운 과업을 수행하기 위해서는, 정보 활동은 오랜 기간 훈련을 거쳐야 하고 때로는 생명의 위험도 무릅써야 한다. 엄청난 성공이 있었다 해도 관련된 사람들을 보호하기 위해 그런 사실은 발표되지도 않는다. 정보 활동은 냉전시대 서구의 승리에 기본적인 요소였다. 만약 언론이 미국의 정보기관들의 보다 큰, 그리고 눈에 띄지 않는 이점은 무시하고 사소한 실수를 떠벌린다면, 그것은 결국 손자와 사마천의 권고를 무시하는 셈이다.

손자와 사마천은 마치 그들 자신들이 큰 물리적 고통을 직접 경험해본 듯이, 그리고 그 재발을 막는 일이라면 어떤 일이라도 할 것처럼 기술하고 있다. 손자와 사마천의 도덕성은 마키아벨리와 처칠에게서는 물론이고, 고대 그리스인들과 로마인들에게서도 찾아볼 수 있는, 결과의 도덕성이다.

―――

중국 철학은 도덕이 배제된 냉정한 관찰을 도덕적 판단과 결합시킨다. 그리스 철학도 비슷하다.

기원전 5세기 초 그리스와 페르시아 사이의 전쟁에 대한 기술에서 헤로도토스는 자신의 판단을 곁들이지 않았다. 그는 "인간의 행동을 다루었고, 마치 자연과학자가 행성과 별, 계절과 기후를 관찰한 것과 같이, 놀랍도록 적나라하게 인간을 관찰했다."[12] 지중해와 근동 지방을 폭넓게 여행한 헤로도토스의 입장에서 보자면, 인간이란 우리에 갇힌 쥐 신세로 보였을 수도 있다. 헤로도토스가 그렇게 객관적인 관점에서 관찰했다는 사실이 그의 기록이 시간을 초월하여 매력을 잃지 않는 이유를 설명해준다.

헤로도토스가 묘사한 페르시아에 대한 그리스의 승리는 비극적이게도 그리스 도시국가들 사이에 알력을 초래했는데, 그것이 바로 펠로폰네소스 전쟁이다. 펠로폰네소스 전쟁은 기원전 460년경 태어난, 헤로도토스보다 한 세대 젊은 투키디데스가 기록했다.

투키디데스는 부유하고 영향력 있는 집안에서 자랐다. 그의 부친은 그리스 북부 트라케에 큰 광산을 소유했다. 트라케와 아테네 두 곳 모두에서 재산과 정치적 연줄을 이용해 그는 그리스에 관해 폭넓은 지식을 쌓고, 그 시대의 주요 역사적 인물들과 교류를 할 수 있었다. 기원전 430년 투키디데스는 아테네에 있었는데, 당시 전염병이 창궐하여 그도 감염되었다. 기원전 424년 병에서 회복된 투키디데스는 유클레스 장군과 함께 스파르타 군대에 맞서 트라케 지역을 방어할 임무를 부여받았다. 그해 11월 스파르타 군대가 눈보라 속에 급습을 감행했을 때, 유클레스 장군은 트라케 지역의 암피폴리스(Amphipolis)에 주둔하고 있었다. 투키디데스의 군대는 멀리 떨어진 타소스 섬에 주둔하고 있었기 때문에 제때에 도시를 구하러 갈 수 없었다. 암피폴리스의 함락은 아테네에 큰 충격을 주었다. 당연히 투키디데스에게 비난이 쏟아졌고, 아테네 사람들은 그를 추방해버렸다.

그 다음 20년 동안 투키디데스는 불명예를 안은 채, 자신의 시간을 둘로 나누어 한편으로는 트라케의 재산을 관리하고, 다른 한편으로는 스파르타가 지배하는 펠로폰네소스 반도(그리스 남쪽의 반도) 전역을 여행하면서 보냈다. 투키디데스의 『펠로폰네소스 전쟁사』는 그저 한 군사 역사가의 작품이 아니라 직접 질병과 전쟁과 정치적 불명예를 겪고 그것들과 맞서 싸운 사람의 기록이다.

『펠로폰네소스 전쟁사』는 역대 국제관계 이론에 매우 중요한 영향을 미친 저작이다. 이 책은 정치적 담론에 현실주의를 최초로 도입하였다. 이 책의 교훈은 그 뒤 토머스 홉스, 알렉산더 해밀턴, 그리고 클라우제비츠가 이어받았고, 우리 시대에 들어와서는 한스 모겐소(1904-1980), 조지 F. 케넌(George F. Kenan, 1904-2005), 그리고 헨리 키신저(1923-) 등이 그것을 더욱 정교하게 만들었다. 격언들로 가득 찬 손자와 키케로의 저술들과는 달리, 군인이었던 투키디데스의 철학은 폭력적인 사건들에 대한 서술에서 자연스럽게 엿볼 수 있다. 투키디데스는 줄기차게 이기심(self-interest)에 초점을 맞춘다. 이기심은 노력을 낳고, 노력은 선택을 낳는다는 그의 개념은 2400년 전 그가 기록한 펠로폰네소스 전쟁의 역사가 마르크시즘과 중세 기독교 사상의 근간인 극단적 운명 결정론에 대한 대안이 되게 한다.[13]

『펠로폰네소스 전쟁사』의 주제인 아테네와 스파르타 사이의 전쟁은 단순히 두 도시국가 사이의 충돌만은 아니다. 아테네와 스파르타는 각자 많은 작은 도시국가들로 이루어진 동맹들을 관리하고 있었는데, 그것은 냉전시대 양 진영이 그랬던 것만큼이나 관리하기가 복잡하고 어려웠다. 『펠로폰네소스 전쟁사』 제5권 '실패로 끝난 평화'에서, 투키

투키디데스

디데스는 고대 사회의 의사결정 과정에서 수많은 복잡한 변수들이 고려되는 모습을 보여주는데, 이는 오늘날 미국 대통령이 당면한 변수들과 비교하여 결코 적다고 할 수 없다.[14]

기원전 421년, 아테네와 스파르타는 평화조약을 맺었다. 스파르타는 그리스 남부의 중심지역 펠로폰네소스에서 위력을 떨치고 있던 아르고스와 그 동맹도시들에게 군사적 압력을 가하기 위해 아테네와의 전쟁을 중단하고 싶어했던 것이다. 하지만 스파르타와 동맹을 맺고 있던 그리스 북부의 도시 트라키아(Thracia)와 칼키디키(Khalkidhiki)는 평화조약에 따라 아테네의 속국이 되어야 했지만, 그것을 거부했다.

그런 한편으로 펠로폰네소스의 또 다른 강력한 도시국가인 코린트는 스파르타가 그 지역을 지배하는 것을 막기 위해 아르고스와 동맹을 맺었다. 펠로폰네소스 중부의 도시국가 만티네이아는 그 무렵 몇몇 소규모 도시들을 정복하며 세력을 확장하던 터라 자신의 소제국을 지키기 위해 스파르타에 맞서 코린트와 아르고스의 편에 섰다. 뒤이어 칼키디키도 반 스파르타 동맹에 가담했다. 그러나 민주정인 아테네로부터 위협을 받고 있던 보에오티아와 메가라는 스파르타에게 구원을 요청했다. 스파르타는 아테네에서 가까운 도시인 판악툼(Panactum)을 장악하기 위해서 보에오티아의 협력을 필요로 했다. 스파르타는 판악툼을 얻은 후 아테네가 장악한 펠로폰네소스 지역의 필로스(Pylos)와 맞바꿀 생각이었다. 그러는 동안 세월이 흘러, 아테네와 스파르타에서는 평화조약을 맺는 데 관여하지 않은, 그래서 그 조약에 얽매이고 싶어하지 않는 새로운 사람들이 권력을 잡았다. 결국 아테네와 스파르타의 조약은 깨졌고, 두 강대국은 다시 전쟁을 시작했다.

만약 위의 설명이 정말 혼란스럽다고 생각된다면, 지금으로부터 수백 년 후 독자들에게 냉전시대의 복잡한 동맹구도를 설명하려 한다고 상상해보라. 고대 그리스 시대에 운송에 걸리는 시간과 어려움을 감안하면, 그 세계는 오늘날 세계만큼이나 광대한 것이다. 따라서 권력과 이해관계를 둘러싼 적나라하고, 미로처럼 복잡한 계산에 대한 투키디데스의 서술은 오늘날의 세계 정치에도 충분히 적용될 수 있다.

아테네와 스파르타가 싸우게 된 것은 동맹 도시들을 통제할 수 없었기 때문이다. 그것이 바로 1914년 러시아, 독일, 프랑스, 그리고 영국이 전쟁에 들어갔던 이유이다. 만약 처칠이 히틀러로부터 서구를 구하

고대 그리스 세계

지 않았다면, 제1차 세계대전이 지금에 와서는 서구 몰락의 시발점으로 여겨졌을지도 모른다. 펠로폰네소스 전쟁이 고대 그리스가 영구히 쇠퇴하는 시발점이 되었던 것과 똑같이 말이다.

투키디데스는 전쟁사를 서술하면서 다음 같은 결론을 내리게 된다.

- 우리가 어떻게 생각하고 또 어떻게 말을 하든, 인간의 행동은 두려움(phobos), 이기심(kerdos), 그리고 명예(doxa)에 의해 좌우된다.[15]
- 인간 본성의 이런 측면들이 전쟁과 불안정을 유발하며, '인간 조건(anthrophinon)'을 형성한다. 그러한 인간 조건은 결국 정치적 위기로 이어진다. 즉, 순수한 본능(physis)이 법(nomoi)을 압도하게 되면, 정치는 실패하고 무정부상태가 도래한다.[16]
- 무정부상태에 대한 해결책은 두려움, 이기심, 그리고 명예를 부정하는 것이 아니라, 도덕적 결과를 얻기 위해 그것들을 관리하는 것이다.

아테네와 에게해 동쪽 레스보스 섬에 있는 도시인 미틸레네 사이의 충돌에 관한 투키디데스의 기록은 인간에 대한 냉정한 통찰력을 보여주는 한 사례이다.

미틸레네는 페르시아와의 전쟁 당시 아테네의 동맹이었다. 미틸레네 사람들은 항상 아테네 사람들을 두려워하고 있었으나 페르시아 사람들을 훨씬 더 무서워했다. 그러니까 미틸레네가 아테네와 동맹을 맺도록 부추긴 것은 종교나 애국심이라기보다는 이기심이었다. 실제로 그리스 도시국가들 사이의 단합을 불가피하게 만든 그리스와 페르시아의 전쟁만 아니었어도, 아테네와 미틸레네 혹은 아테네와 스파르타 사이의 평화는 바랄 수 없는 것이었을지도 모른다. 투키디데스는 심지어 페르시아와의 전쟁 후에 스파르타가 아테네에 대해 무력을 사용하지 않은 이유는 아테네의 해군력 때문이라고 말한다. 하지만 아테네의 군사적 입지가 약화된 듯 보이자 스파르타의 무력행사가 뒤따랐다. 이와 같이, 힘의 균형이라는 개념은 투키디데스에 의해 정치적 사고에 도입된 것이라고 할 수 있다.

아테네에 맞서 스파르타의 지원을 요청하면서, 미틸레네 사람들은 스파르타 사람들의 이상이 아니라 그들의 이기심에 호소했다. 레스보스 섬은 전략적 위치에 자리하고 있었고, 미틸레네 사람들은 그런 점을 스파르타 사람들에게 설명했다. 즉 자신들은 강한 해군을 보유하고 있고, 또 아테네에 대한 긴요한 정보들을 스파르타에 제공할 수 있다고 말이다.

투키디데스는 권력과 이해관계가 어떻게 우리의 계산을 좌우하게 되는지에 대한 가장 가혹한 사례를 이른바 '밀로스의 대화'에서 보여준다. 밀로스는 에게해 중앙에 위치해 있는 중립적인 섬으로서, 아테네에 대해 군사적으로 취약했다. 아테네는 이 섬에 군대를 보내어 밀로스 사람들에게 오만하게 말한다.

> 우리와 마찬가지로 너희도 알겠지만, 무엇이 정의냐 하는 것은 세상에서 흔히 말하듯이, 오직 힘이 동등한 나라들 사이에서나 따질 일이다. 강한 자는 자신이 할 수 있는 일을 하는 것이고, 약한 자는 자신들이 감내해야 하는 일을 감내할 뿐이다.[17]

달리 말해, 밀로스는 약자이므로 불공정한 대접을 받을 수밖에 없다는 것이다. 아테네로서는 전략적 차원에서 밀로스가 필요하지는 않지만, 자신이 페르시아에 맞서 그리스 도시국가들을 주도하고 있기 때문에 그 섬을 하나의 보상으로서 접수해야 한다고 보았다. 투키디데스는 아테네 사람들이 미래의 비극을 내다보는 눈이 없었다고 넌지시 말한다. 그들은 자신들의 힘이 영원히 지속되리라 생각했으며, 그 결과 자신들이 처벌당할 염려 없이 행동해도 된다고 믿었던 것이다. 그들은 겁없이 행동했고 오만했다. 투키디데스에 따르면, 철저히 몰도덕적인 외교정책은 현실적인 것도 아니고 신중한 것도 아니다.

아테네 사람들은 밀로스 사람들이 실제로 싸우리라고는 상상도 못 했지만, 그것은 틀린 생각이었다. 아테네와 밀로스 사이의 오랜 전쟁은 결국 밀로스가 항복한 후 아테네가 밀로스의 성인 남자들을 모두 죽이고 여자와 아이들을 노예로 만드는 것으로 끝이 났다. 그들 자신의 힘에 대한 자만심에 눈이 멀었던지라, 밀로스에 대한 아테네의 참혹한 승리는 그로부터 3년도 채 안 되어 아테네가 시칠리아에서(미국이 베트남에서 당한 것과 비슷하게) 군사적으로 패배하는 서곡이 되고 말았다. 베트남에서와 마찬가지로, 아테네는 심지어 한층 더 깊숙이 개입하면서도 임박한 위험을 무시했다.

현재의 번영이 완벽할 정도로 아테네 사람들에게 자신감을 심어주었기 때문에 그들에게 맞설 자는 아무도 없고, 그들은 수단이 충분하든 혹은 불충분하든, 가능한 것이든 혹은 실행 불가능한 것이든 관계없이 무엇이든 해낼 수 있다고 생각했다. 이렇게 착각하게 된 일반적인 이유는 전반적으로 그들이 거둔 엄청난 성공 때문이었는데, 그것이 그들로 하여금 그들의 강점과 그들의 희망을 혼동하게 만들었던 것이다.[18]

『펠로폰네소스 전쟁사』는 권력과 풍요로움이 어떻게 아테네인들로 하여금, 문명이라는 얄팍한 널빤지 바로 아래 자리잡고서 그들의 행운 (good fortune)을 위협하는 인간 본성의 어두운 힘을 보지 못하게 했는 지 가르쳐준다. 한 예로, 전쟁 초기에 미덕을 찬양하는 페리클레스의 추도연설을 듣고 난 뒤에, 아테네 사람들이 전염병 발생에 대해 보여 준 각자도생의 반응은 그들에게 그러한 미덕이 결여되어 있음을 드러 냈다.

이중적인 사고(double-think)와 계산된 잔혹행위에 관한 투키디데스 의 서술은 20세기 전체주의의 폐해가 우리가 생각하는 것보다 그리 특별난 것이 아님을 보여준다.[19] 나치의 만행이 충격적이었던 것은 그 들의 범죄가 격세유전적 충동이 사라졌다고 생각되었던 선진 공업사 회에서 발생했기 때문이었다. 하지만 그런 일은 때로는 증오를 '남성 다움의 부활(renewal of virility)'로 느끼게 만들 수도 있는 문명에 의 해 강요된 금기일 뿐이다.[20] 투키디데스는, 문명은 야만성을 억제하기 는 하지만 절대로 그것을 제거할 수는 없다고 말한다.[21] 그러므로 시 대가 사회적으로, 경제적으로 발전할수록 각 시대의 지도자들은 자신 들의 사회가 오류를 범하기 쉽고 또 취약할 수 있다는 생각을 갖는 것 이 한층 더 필요하다. 그것이 대재난을 막는 궁극적인 방법이다.

———

투키디데스와 손자의 중심 사상은 전쟁은 일탈 행위가 아니라는 것 이다. 20세기 중반, 고대 그리스와 중국을 집중적으로 연구한 프랑스 의 철학자 레이몽 아롱과 그와 동년배인 스페인 철학자 호세 오르테가 이 가세트(1883-1955)는 모두 전쟁은 인류가 국가나 다른 집단으로 분 열되었기에 피할 수 없는 것이라고 결론을 내렸다.[22] 주권이나 동맹은 아무것도 없는 상태에서 생겨나지 않는다. 그것은 다른 집단들과의 불화에서 비롯된 것이다. 한자에서 전쟁의 반대 상태를 의미하는 '안(安)'은 전통적으로 '평화(peace)'로 해석되었지만, 실질적으로는 '안정(stability)'을 의미한다.[23] 그러므로 아롱이 말한 대로, 우리의 이상은 대체로 평화를 추구하는 것이었지만 역사는 전쟁으로 점철되어 있는 것이다.[24] 이는 비록 논란의 여지가 없는 주장이지만, 냉전 종식 후 승리에 도취된 발언들을 감안하면 다시 언급할 가치가 있다. 과도하게 중앙집중된 소련이 붕괴하고 중부유럽에서 붉은군대가 물러간 것은, 보다 정상적인 갈등상태로의 복귀로 간주되기보다는, 문명 사회가 지구 전역에서 곧 등장하게 될 증거인 양 환영을 받았다.

인류는 투키디데스가 보여준 것과 같이, 서로 끊임없이 경쟁하는 집단들로 나뉘어져 있기 때문에, 모든 국가의 중심적인 특징은 그들의 책략성(maneuverability)이라 할 수 있다. 즉, 국가들을 엄격한 의미에서 선하다거나 혹은 악하다고 규정할 수 없다. 그 대신 국가들은 끊임없이 이익을 추구하는 과정에서 어느 때는 선한 행동을 하고 또 어느 때는 악한 행동을 하며, 혹은 어떤 점에서는 선하고 또 다른 점에서는 악하다. 그런 점에서 '불량국가(rouge state)'라는 용어 역시, 비록 때에 따라서는 적절한 표현일 수도 있지만, 그것을 사용하는 사람들의 이상주의적 환상을 드러내는 것일 수도 있다. 왜냐하면 이 용어는 국가 자체의 본질을 오판하는 것이기 때문이다.

국가들을 선과 악으로 구분하는 것은 대체로 잘못된 이분법이라는 것을 인식한 레이몽 아롱은 다음과 같이 지적한다(물론 이것은 투키디데스와 손자의 주장을 되풀이한 것이다).

이상주의를 비판하는 것은 현실주의적일 뿐 아니라 도덕적이기
도 하다. 왜냐하면 이상주의적인 외교는 너무나 자주 광신주의
로 빠지기 때문이다.[25]

투키디데스가 설명한 이기심이라는 개념을 바탕으로 통치되는 세계
를 수용한다면, 정치가들은 성공할 가능성이 높다. 그것은 헛된 환상
을 제거하고 오산을 할 여지를 줄여준다. 역사적으로 뿌리를 굳건히
내린 자유주의는, 자유란 추상적인 사고, 도덕, 혹은 다른 어떤 것으로
부터 나오는 것이 아니라 자국의 이익을 위해 행동하는 지도자가 내린
지난한 정치적 선택으로부터 나온다는 것을 인정한다. 덴마크의 인문
학자이자 역사학자인 데이비드 그레스가 지적한 대로, 자유가 서구에
서 성장한 주된 이유는 그것이 권력의 이익(interest of power)에 기여
했기 때문이었다.[26]

MACHIAVELLIAN VIRTUE

마키아벨리에게 정책은 그 자체의 우수성이 아니라 그 결과에 의해 평가된다. 어떤 정책이 목적을 달성하지 못하면 그것은 도덕적일 수 없다. 오늘날 지도자들은 마키아벨리의 미덕(virtue) 개념을 적용함으로써 결과를 달성하는 방법을 배울 수 있다. 마키아벨리는 다음과 같이 말한다. "사람은 현재 상태에서 출발할 수밖에 없기 때문에, 오직

마키아벨리의 미덕

자신이 손에 쥔 것을 가지고 일할 수밖에 없다." 정부에서 일한 경험을 통해 노련해진 마키아벨리는 고대 그리스-로마의 미덕을 신봉한다. 그것은 냉혹하고도 현실주의적이지만 몰도덕적인(amoral) 것은 아니다. "힘있는 모든 예언자는 성공한 반면, 힘없는 예언자는 실패하고 만다"라고 마키아벨리는 쓰고 있다.

마키아벨리는 비록 구체적인 항목들에서는 종종 동의하지 않는 부분이 있었고 또한 자신의 견해를 덧붙이거나 원래의 뜻을 심하게 왜곡한 경우도 있었지만, 고대 사상을 널리 보급시킨 사람이다. 마키아벨리는 기독교가 순종적인 사람들을 미화했기 때문에 결국 사악한 사람들이 세상을 지배하도록 만들었다고 믿었다. 마키아벨리는 자기 보존을 강조한 고대 그리스-로마의 윤리를 희생을 강조한 기독교 윤리보다 선호했는데, 그는 기독교 윤리가 위선적이라고 보았다.[1] 그럼에도 우리는 마키아벨리를 조심스럽게 접근하지 않으면 안 된다. 왜냐하면 마키아벨리는 간혹 정치를 단순한 기술이나 술책으로 격하시키고 있기 때문에, 그 어떤 정책이라도 그것을 정당화시킬 수 있는 근거를 그의 저술 속에서 찾아내는 것은 어렵지 않다.

20세기 후반의 중동사태는 인간 행동에 대한 마키아벨리의 날카로운 통찰이 옳았음을 보여준다. 언론이 전하는 바에 따르면, 1988년 팔레스타인의 인티파다(1987년 가자 지구와 서안 지구의 이스라엘 점령지역에서 일어난 아랍인들의 반란—옮긴이) 도중에, 이스라엘의 국방장관 이작 라빈은 이스라엘 군인들에게 팔레스타인 데모대를 향해 "쳐들어가서 저들의 뼈를 부숴버려라"라고 명령했다. 실탄 사용은 많은 사상자들을 냄으로써 그 후 더 큰 폭동을 유발시키긴 했지만, 그보다 덜한 폭력적 방법을 사용했다면 데모대를 진압할 수 없었을 것이다. 다른 나라들은 이스라엘이 팔레스타인과 타협을 하도록 압력을 가했다. 그러나 라빈은 "쳐들어가서 뼈를 부숴버리는 편"을 택했다. 그는 오직 허약하고 수준 낮은 정부만이, 예컨대 과거 이란의 샤(Shah) 정부처럼, 길거리의 무정부 데모대와 타협한다는 것을 알고 있었다. 라빈의 조치는 미국의 진보주의자들로부터 많은 비난을 받았다. 하지만 여론조사에서 라빈의 인기는 급속히 상승했다. 1992년 이스라엘의 강경한 유권자들이 온건한 노동당을 지지한 것은 오직 라빈이 총리 후보였기 때문이었다. 라빈은 총리로 선출되자 팔레스타인 및 요르단과의 평화협상에 박차를 가했다. 라빈은 1995년 한 우익 극단주의자에게 살해되었지만, 지금은 전세계의 자유 인권주의자들로부터 영웅 대접을 받고 있다.

라빈을 존경하는 서구 사람들은 그가 팔레스타인 사람들에게 행한 무자비한 행동을 애써 외면하려 하지만, 만약 마키아벨리라면 그런 책략이야말로 라빈이 가진 '미덕(virtue)'의 핵심임을 알아차렸을 것이다. 불완전한 세상에 살면서, 선하게 행동하려 하는 착한 사람은 악해지는 법도 알아야 한다고 마키아벨리는 충고한다. 이어서 마키아벨리는, 우리 모두는 세상을 공유하기 때문에 미덕이란 개인적인 완벽함과는 전혀 관계가 없고, 모든 것은 정치적 결과와 관계 있다고 덧붙인다. 그러므로 마키아벨리에게 정책이란 그 자체의 우수성이 아니라 그것이 산출하는 결과에 의해 평가되는 것이다. 어떤 정책이 목적을 달성하지 못하면 그것은 결코 도덕적일 수가 없다.[2]

마키아벨리와 마찬가지로, 처칠, 손자, 투키디데스 모두 좋은 의도가 아닌 결과의 도덕성을 신봉했다. 레이몽 아롱도 그랬다. 히틀러가 권력을 잡은 후 레이몽 아롱은, 프랑스의 군비축소 정책이나 독일과의 협상이 군사적 준비를 대체할 수 없음을 인식하고는, "좋은 정책은 그 순수성에 의해서가 아니라 그 효과성으로 측정된다"고 주장했다. 이것은 마키아벨리가 주장한 자명한 진리가 시대를 초월하여 재발견된다는 사실을 증명하는 것이다.[3]

라빈의 거친 책략은 결국 그가 평화를 만들 능력이 있다는 신뢰감을 심어주었다. 따라서 그의 책략은 마키아벨리의 미덕을 발휘한 것이다. 라빈은 오직 상황이 허락하는 범위 내에서 무자비한 조치를 취했을 뿐 그 이상은 아니었다. 그런 다음 그는 무자비하다는 평판을 이용하여 국민들에게 이로운 결과를 가져다주었다. 이 또한 마키아벨리가 주장한 그런 것이었다. 라빈은 혼란이 지속되는 상황을 용인하는 동안에도 단지 폭력성에 대한 평판을 회피하기 위해 입장을 바꾼 것은 아니었다. 여기서도 역시 그는 진정 (마키아벨리적인) 군주처럼 행동했던 것이다.

이와는 대조적으로, 첫 임기 중의 클린턴 정부가 중국의 최혜국 대우 적격심사를 할 때 오직 중국의 인권 개선과 연계시킨 것은 미덕이 아니었다. 그 정책이 중국의 인권 개선에 실패했기 때문이 아니라 처음부터 그것은 실패할 것이 분명했기 때문이다.[4] 그 정책은 처음부터 실질적 결과를 얻으리라는 희망 없이 추진된 것으로서, 단지 클린턴 정부가 자신이 도덕적으로 우월하다고 가정하고 있음을 보여주기 위한 것이었다.

1999년, 유엔은 인도네시아에 속한 섬 동티모르의 독립을 위한 국민투표를 승인했는데, 그것은 독립을 반대하는 훈련된 민병대들로부터의 공격을 유발했다. 동티모르의 수도 딜리는 불태워졌으며, 수천 명이 살해되었는데, 많은 사람들이 고문을 당하고 처형되었다. 그 테러의 공포는 예견된 것이었다. 몇 개월 전 유엔은 만약 충분한 안전조치 없이 국민투표를 실시하면 무슨 일이 일어날지 거듭 경고를 받았으니까 말이다.[5] 놀라울 정도로 선견력이 부족하고 계획이 부실한 데다 혼란한 가운데 진행된 유엔의 민주주의 실험에는 마키아벨리적 미덕이 결핍되어 있었던 것이다.

1957년 요르단의 후세인 왕은, 민주적으로 선출되었지만 점점 더 급진적이고 친소련 성향으로 변해가는 정부를 해산시키고는 계엄령을 선포했다. 그 뒤, 1970년과 1980년에도 후세인 왕은 자신의 정권을 폭력적으로 전복시키려 시도한 팔레스타인 사람들을 무자비하게 진압했다. 그렇게 해서 후세인의 반민주적인 조치는 후세인 자신보다도 더 잔인했을 세력으로부터 자신의 왕국을 구했다. 후세인은 '평화의 형제(brother in peace)'인 라빈과 마찬가지로, 오직 목적에 필요한 만큼만 폭력을 사용했다. 그러므로 후세인의 폭력 행사는 그의 '미덕'의 주요한 부분이다.

이와는 달리 칠레의 독재자 피노체트는 과도한 폭력을 행사했기 때문에 마키아벨리적 미덕을 발휘하지 못했다. 마키아벨리라면 피노체트, 동티모르의 유엔, 그리고 첫 임기 클린턴 정부의 중국 정책에 대해 눈살을 찌푸렸을 것이다. 하지만 라빈과 후세인에 대해서는 토스카나의 조용한 농장에서 존경의 의미로 잔을 들어올리고 웃음을 지었을 것이다.

기독교의 미덕을 고대 그리스-로마의 미덕으로 대체함으로써 마키아벨리는 라빈과 후세인의 행동을 현대의 그 어떤 전문가보다도 더 잘 설명하고 있다. 마키아벨리의 미덕은 몰도덕적이지 않다. 이사야 벌린은 "마키아벨리의 가치는 기독교적이지 않다. 하지만 그것들은 도덕적 가치이다"라고 쓰고 있다. 즉, 고대 그리스 도시국가의 페리클레스

와 아리스토텔레스가 지향했던 가치, 즉 안정된 정치적 공동체를 보장하는 가치 말이다.[6]

투키디데스도 미덕에 관해 서술했고 로마의 다른 많은 작가들, 특히, 살루스티우스(기원전 86-34년경)도 그랬다.[7] 하지만 마키아벨리는 그것을 더욱 정교하게 만들었다. 미덕(Virtue) 또는 마키아벨리 시대 이탈리아어로 비르투(Virtu)는 '남자'를 의미하는 라틴어 'vir'에서 나왔다. 마키아벨리에게 미덕은 '용기(valor)', '능력(ability)', '독창력(ingenuity)', '결단력(determination)', '정력(energy)', 그리고 '용맹(prowess)' 등을 뜻한다. 말하자면, 남자다운 힘(vigor)이지만, 대개는 공공선(general good)을 추구하는 그러한 힘을 가리킨다.[8] 미덕은 야심을 전제로 하지만 단순히 개인적인 출세만을 위한 것은 아니다.

마키아벨리는 『군주론』 제8장에서, 기원전 4세기 후반 시라쿠사의 통치자가 된 아가토클레스(기원전 361-289)와 관련하여, 아가토클레스의 성공에 "행운이나 호의는 매우 적게 작용했거나 전혀 작용하지 않았다"고 서술했다. 오히려 아가토클레스가 "하급 군인 신분에서 출세하여 권력을 잡은 것은 수많은 난관과 위험을 극복한" 결과였다. 그럼에도, 아가토클레스처럼 고귀한 목적도 없이 "동료 시민을 죽이고, 친구를 배신하고, 기만적이고 무자비하고 불경하게 행동한 것은 미덕이라고 할 수 없다"고 마키아벨리는 말한다.

마키아벨리의 현실주의적 미덕은 공적인 미덕인 데 반해, 유대 기독교 미덕은 종종 사적인 미덕에 한층 더 가깝다. 좋은 공적 미덕과 나쁜 사적 미덕에 관한 유명한 사례는 1941년 프랭클린 루스벨트 대통령이

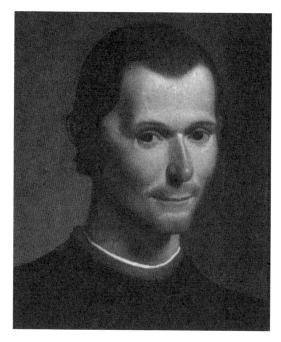

마키아벨리

군수물자를 영국에 이전할 수 있게 하는 무기대여법을 통과시키기 위해 당시 고립주의 성향이 강했던 하원을 상대로 다소 의도적으로 진실을 회피한 사실을 들 수 있다. 극작가 아서 밀러는 루스벨트에 대해 다음과 같이 기술하고 있다. "사실상 우리 인류는 루스벨트의 거짓말에 큰 빚을 지고 있다."[9] 『리비우스 논고』에서, 마키아벨리는 국가의 이익을 위해 필요하다면 사술(fraud)도 용인한다.[10] 이것은 새롭거나 혹은 냉소적인 생각이 아니다. 손자는, 정치와 전쟁은 '기만의 기술'이며, 만약 현명하게 그것을 사용한다면 승리를 얻고 또 재난을 줄일 수도 있다고 쓰고 있다.[11] 이것이 위험한 교훈이고 잘못 사용되기 쉽다는 이유로 그 효과적인 적용을 기피해서는 안 된다.

마키아벨리와 손자의 군사적 미덕이 시민사회의 리더십에도 항상 적용되는 것은 아님은 두말할 나위가 없다. 장군들은 속임수를 쓸 수 있다. 하지만 판사들은 정직해야 한다. 필자는 어떤 법정에도 의지하지 않고 폭력이나 그 위협이 이용되는 외교정책에 대해서만 말하는 것이다. 국제적 기관들이 강화되고 있기는 하지만, 이런 잔인한 현실을 변화시키기에 충분할 정도로 발전되지는 않았다.

———

마키아벨리는 1469년 이탈리아 피렌체의 쇠락한 귀족 집안에서 태어났다. 그의 부친은 자식에게 수준 높은 교육을 시킬 형편이 아니었으므로 마키아벨리는 평범한 선생 아래서 배웠다. 어느 정도는 독학도 했는데 그것이 오히려 마키아벨리로 하여금 그 당시 동년배들이 흔히 그랬던 것과는 달리 추상적인 학문에 빠지지 않게 해주었다. 1498년 마키아벨리에게 기회가 찾아왔는데, 그해 금욕적인 수도사 사보나롤라(1452-1498)가 처형된 것이다. 사보나롤라의 극단적인 정치에 맞서 대중들이 들고일어났고, 도시국가 피렌체에 온건한 공화국 정부가 들어섰다. 당시 29세의 마키아벨리는 공화국의 군사 및 외교위원회의 서기가 되었다. 그로부터 14년 동안 마키아벨리는 피렌체의 지도적 외교관 중 한 사람으로서 루이 12세가 다스리는 프랑스를 비롯하여 다양한 지역들을 여행하고 또 관찰했다. 체사레 보르자(1475-1507, 교황 알렉산데르 6세의 아들이자 교황령 로마냐의 통치자로서 마키아벨리의 『군주론』의 모델이 된 냉혹한 인물—옮긴이) 왕조가 무너져 중부 이탈리아가 혼란에 빠지게 되자, 마키아벨리는 1505년 페루자와 시에나를 방문하여 두 도시가 피렌체와 동맹을 맺도록 권유했다. 그 다음해에 마키아벨리는 교황 율리우스 2세가 페루자와 에밀리아를 장악하는 것을 직접 지켜보았고, 율리우스 2세의 전쟁 상황을 피렌체에 전달했다. 1509년 피렌체는 피사를 재탈환했지만, 그 즉시 프랑스와 스페인으로부터 협공을 당할 위기에 처했다.

마키아벨리의 정치 경력은 1512년, 율리우스 교황에 충성했던 스페인 군대가 이탈리아를 침공함으로써 갑작스럽게 종말을 고했다. 도시가 궤멸될 위기에 몰리자 피렌체는 항복했고 공화국 체제와 도시의 행정기관은 해체되었다. 본래 선견지명이 있었던 마키아벨리는 일찍이 공화국 용병들을 시민군으로 대체했다. 그러나 시민군은 피렌체를 구하는 데 실패했고, 뒤이어 추방되었던 메디치 가문이 과두정치의 지배자로 복귀했다. 마키아벨리는 즉각 메디치 가문에 접근했으나 별 소용이 없었다. 메디치 가문은 마키아벨리의 직위를 해제하고는 새 체제에 대한 역모에 가담했다는 혐의로 그를 고발했다.

투옥되어 심한 고문을 당한 뒤 마키아벨리는 자신의 농장에 연금되었다. 마키아벨리가 매일 밤마다 서재에 틀어박혀 고대 그리스-로마의 역사에 대해 깊이 연구하기 시작한 것은 1513년 바로 그 농장에서였다. 투키디데스와 마찬가지로, 군사적 책임, 실패, 공개적 굴욕 등을 포함하여 정부에서의 자신의 경험을 고대 그리스-로마의 역사와 비교하면서 말이다. 두 사람의 지혜는 그들의 실수, 불운, 그리고 고난의 결과였다. 마키아벨리에게 그 결과는 그가 죽은 후 1532년에 출판된, 정치에 관한 그의 가장 유명한 저술인 『군주론』이다. 그것은 이탈리아와 그가 사랑했던 도시 피렌체가 무자비한 외부의 침입자들로부터 살아남도록 돕는 지침서였다. 복권된 메디치 가문에게 가문과 피렌체 모두의 명예를 회복하는 방법을 제시하면서, 마키아벨리는 자신이 직접 겪은 인간 조건의 깊은 불행을 바탕으로 다음과 같이 썼다.

> 나는 웃고 있지만,
> 나의 웃음은 내 안에 있지 않네.
> 나는 불타고 있지만,
> 그 불은 밖에서는 볼 수가 없네.[12]

마키아벨리 시대의 이탈리아는 수많은 소도시와 도시국가들로 분열되어 있어서 "사생결단을 하는 파당들, 쿠데타, 암살, 침략, 그리고 전쟁에서의 패배가 다반사였다."[13] 마키아벨리는 "현재 상태에서 출발해야 하는 우리는 오직 손에 쥐고 있는 것들만 가지고 일을 추진할 수 있다"고 믿었다.[14] 그렇지만 초기 르네상스 시대의 이탈리아에는, 예술적, 문학적, 그리고 경제적 기록이 보여주는 것처럼, 폭넓은 문화적 공통성을 가진 시민문화가 깊이 뿌리내려 있었다.

오늘날 코트디부아르, 나이지리아, 파키스탄, 그리고 몇몇 지역들에서 볼 수 있는 무정부상태는 16세기의 이탈리아보다 실제로 더 나쁠 수 있기에, 미국의 정책결정자들은 독재적 요소들을 직접 비난하기보다는 "손에 쥐고 있는 것"을 가지고 추진하는 방법 외에는 다른 대안이 없을 것이다. 예컨대, 인도네시아의 새로운 민주적 통치자들에게 군부를 지금보다 더 멀리하도록 압력을 가하는 것은 민주주의를 가속화시키기보다는 현정권과 제도가 강화되기도 전에 국가를 '피의 보복'으로 몰아갈 가능성이 더 크다.

1980년대 중반 우간다와 수단, 1990년대 초 시에라리온, 그리고

1990년대 중반 파키스탄의 정치 군사 지도자들과 대화하면서, 나는 마키아벨리가 떠올랐다. 그런 지역들은 모두 부패, 무정부상태, 그리고 종족 분쟁의 위협에 직면해 있었는데, 이들의 목표는 어떤 수단을 강구해서라도, 그리고 어떤 동맹세력의 도움을 받아서라도 시민질서와 국가의 통합을 유지하는 일이었다. 목적은 도덕적이지만 때로는 수단이 비도덕적인 경우도 있다. 우간다와 파키스탄의 경우, 그것은 쿠데타를 의미했다.

1999년, 페르베즈 무사라프 장군은 민주적으로 선출된 지도자 나와즈 샤리프 정부를 전복시키고서 즉각 중동지역 미군사령관 앤소니 C. 지니에게 전화를 걸어 자신의 행동을 설명했는데, 아마도 마키아벨리가 항상 사용했던 그런 투였을 것으로 짐작된다. 마키아벨리를 옹호한 컬럼비아 대학 역사학 교수 자크 바르쯍은 다음과 같이 말했다.

> 만약 마키아벨리가 진정 '도덕적 괴물'이라면, 아리스토텔레스, 성 아우구스티누스, 성 토머스, 존 애덤스, 몽테스키외, 프랜시스 베이컨, 스피노자, 콜리지, 셸리 등과 같은 많은 사상가들이 "마키아벨리적인 경구들을 사용하여 충고하고 그것에 동의하거나 인용했으므로, 그들 모두를 합하면 '비도덕적인 친구들의 여단'을 만들 수도 있을 것이다.[15]

하지만 마키아벨리에 대한 불신은 그 이름을 냉소주의 및 비도덕주의와 동의어로 만들어버렸다. 그렇게 된 사정은 원래 가톨릭의 반종교개혁이 선동한 증오 때문이었는데, 마키아벨리는 가톨릭의 신앙심을 가면을 쓴 이기심이라고 설파했다. 르네상스 시대 뛰어난 인문주의자들 가운데 한 명인 마키아벨리는 신 대신에 인간을 강조했다. 도덕적 완전성보다는 정치적 필요성을 중시한 마키아벨리는 교회에 대해 철학적 공격을 퍼붓지 않을 수 없었다. 그리하여 마키아벨리는 투키디데스, 리비우스, 키케로, 세네카, 그리고 서구의 여러 고전 사상가들을[16] 새롭게 펴냄으로써 다른 사람들과 함께 중세를 떠나, 르네상스를 일으키는 데 가담하게 되었다.

마키아벨리는 또한 인간 본성에 대해 고대 중국의 사상가들과 같은 견해를 갖고 있었다. 손자와 『전국책戰國策』—중국의 주나라에서 진시황제까지 전국시대의 책사와 모사들의 주장을 나라별로 열기(列記)한 책—의 저자들은 마키아벨리와 마찬가지로 인간은 본질적으로 사악하므로 선한 행동을 하도록 만들기 위해서는 도덕적 훈련이 필요하다고 믿었다. 또한 마키아벨리와 마찬가지로 그들은 세상을 만들고 또 개선하는 데 개인적 이기심이 가진 힘을 강조한다.

『리비우스 논고』만큼이나 『군주론』도 신선한 통찰력으로 가득 차 있다. 마키아벨리는 외국의 침입자들은 "강력한 기존 세력을 약화시키기 위해" 지배 집단을 억압하고 소수 집단을 지원할 것이라고 쓰고 있다. 이것이 19세기와 20세기 초, 유럽 국가들이 중동에 진출하면서 소수 민족들을 무장시켜 오스만 제국과 맞서도록 한 전략이다. 통치자는 그가 아무리 잔인하다 해도 만약 그가 축출되면 더불어 고통당할 충성파들로 둘러싸여 있기 때문에, 기존의 체제를 무너뜨리는 일이 쉽지 않다고 쓰고 있다. 이런 점에서 마키아벨리는 사담 후세인과 같은 독재자들을 교체시키는 일이 어렵다는 것을 예상했다. 그는 빈 라덴의 위험성을 예상이라도 한 듯 "힘있는 모든 예언자는 성공하는 반면, 힘없는 예언자는 실패하고 만다"라고 쓰고 있다. 사보나롤라는 힘없는 예언자로서 실패했는 데 반해, 중세의 교황들 그리고 모세와 마호메트는 승리를 쟁취한 힘있는 예언자들이었다. 히틀러는 힘있는 예언자였기 때문에 그를 제거하는 데는 엄청난 노력이 필요했다. 단지 고르바초프가 동유럽의 공산정권을 무력으로 보호하지는 않겠다는 뜻을 분명히 천명했기 때문에, 힘없는 예언자인 바슬라프 하벨은 성공할 수 있었다.

그럼에도 마키아벨리가 너무 멀리 나갔는지도 모르겠다. 어쩌면 마키아벨리 자신이 오직 책 한 권으로 수백 년 동안 정치가들에게 영향력을 발휘하는 데 성공한, 힘없는 예언자가 아닌가? 예수는 자신의 추종자들로 하여금 로마 제국을 무너뜨리도록 한 힘없는 예언자가 아닌가? 좋은 나쁘든, 아이디어는 중요한 역할을 하며, 세상을 단지 권력투쟁의 문제로만 보는 것은 마키아벨리를 냉소적으로 이용하는 것임을 항상 염두에 두어야 한다. 하지만 일부 학자들과 지식인들이 마키아벨리와는 다른 방향으로 너무 쏠린 것도 사실이다. 그들은 세상을 단지 아이디어의 문제로만 보려 하고 권력은 무시한다.

마키아벨리는 힘으로 뒷받침되지 않는 가치는, 좋든 나쁘든 쓸모없다고 말한다. 심지어 문명 사회마저도 법을 집행하는 데 경찰과 신뢰할 만한 사법부가 필요하다. 그러므로 정책결정자들은 힘을 먼저 앞세우고 가치를 부수적으로 여긴다. 정치학자 토머스 셸링은 "위해를 가할 수 있는 힘이 곧 협상력이다. 그것을 활용하는 것이 곧 외교다"라고 말했다.[17] 군주론에 가장 적합한 통치자였던 에이브러햄 링컨이, 미국의 지리적 여건은 두 나라가 아니라 한 나라에 적합하며, 그리고 피의 대가를 치를 용의가 있을 때만 이길 수 있다고 말했을 때 그 점을 인식하고 있었다.[18] 마키아벨리의 군주론의 모델이었던 체사레 보르자는 교황 율리우스 2세와 맞서 이탈리아를 통일하는 데 실패했지만, 링컨은 남북전쟁 후반에 들어서 남부 민간인들의 농장들, 가옥들, 그리고 공장들을 목표로 공격할 만큼 무자비한 전략을 썼다.[19] 그리하여 링컨은 북미의 온난한 지역을 재통합했고, 북미가 유럽 강국들의 먹이가 되는 것을 막았으며, 단일한 법률 아래 통합된 사회를 창조했다.

———

미덕은 겉보기보다는 한층 더 복잡하다. 인권은 자명한 선이기에, 인권을 고양함으로써 우리는 도덕적인 인간이 된다고 믿는다. 하지만 항상 그런 것은 아니다. 만약 미국이 1970년대와 1980년대의 요르단에 인권을 너무 강요했더라면, 후세인 왕은 생존 투쟁에서 입지가 약해졌을 것이다. 이집트에서도 마찬가지였는데, 미국 정책이 전적으로 인권에만 기초하여 결정되었다면, 호스니 무바라크 대통령의 처지를 약화시켰을 것이고, 아마도 그의 후임자는 인권에 대해 한층 덜 관심을 두었을 것이다. 그런 상황은 튀니지, 모로코, 터키, 파키스탄, 그루지야 공화국, 그리고 다른 많은 나라들도 마찬가지다. 아제르바이잔, 우즈베키스탄, 중국 같은 나라의 정권은 억압적이지만 그들이 물러나고 권력의 공백이 발생하면 한층 더 큰 고통을 유발하게 될 것이다.

마키아벨리에게 미덕이란 정의로움(righteousness)과는 정반대이다. 오늘날 미국의 공화당과 민주당은 모두 선한 가치를 끊임없이 되풀이하면서, 세상을 선과 악으로 나누는데, 그들은 종종 르네상스적 현실주의자들보다는 중세의 기독교인처럼 보인다.

이사야 벌린의 관찰, 즉 마키아벨리의 가치관은 도덕적이지만 기독교적인 것은 아니라는 점은 여러 개의 그러나 양립 불가능한 가치들이 병존할 수 있는 가능성을 제기한다. 예를 들면 싱가포르의 리콴유 전 수상이 개인의 자유에 대한 미국의 노선에 동조했다면, 싱가포르의 온건한 권위주의에 의해 달성된 능력주의, 공무 집행상의 정직성, 그리고 경제성장은 불가능했을지도 모른다. 싱가포르가 경제 자유도와 관련한 주요 지표—재산 몰수로부터의 자유, 자의적 세법 적용, 과도한 규제 등—에서 최고 수준을 기록하고 있는 반면, 의회민주주의 국가인 서부 아프리카의 베냉(아프리카 서부에 있는 공화국으로 1975년 다호메에서 개칭한 나라로 수도는 포르토노보—옮긴이)은 그런 지표에 있어 아래에서 25퍼센트 수준에 머무르고 있다.[20]

마키아벨리의 이상은 개인의 자유가 아니라 '잘 통치되는 국가(well governed patria)'이다. '잘 통치되는 국가'는 때에 따라 비판적인 언론과는 양립 불가능할 수도 있는데, 언론의 진실을 추구하는 보도 활동은 상황을 고려하지 않은 채 문제만 야기시킬 뿐인 사실들을 들춰낼 수 있다. 그러한 경우 기밀누설에 따른 위험은 지도자들로 하여금 새로운 비밀유지 방법을 고안하도록 만들지도 모른다. 선택 가능한 모든 대안들이 나쁘거나 혹은 큰 위험을 안고 있는, 복잡한 해외의 상황에 대해 지식인들이 "도덕성"을 요구하면 할수록, 우리의 지도자들은 그들을 기만하기 위해 더 많은 "미덕"을 발휘해야 할지도 모른다. 고대 이집트의 제사장들, 그리스-로마의 수사학자들, 그리고 중세 유럽의 신학자들이 정치적 권위를 훼손한 것과 꼭 마찬가지로, 지금은 미디어가 그런 역할을 하고 있다. 권력에 대한 불신이 미국 언론의 신조라면, 대통령과 군사지도자들은 미래 전쟁에 대해 순간적으로 정확한 판단을 내려야 하는 과제를 수행하기 위해서는 언론의 공격으로부터 한숨을 돌릴 공간을 확보해야 할 것이다.

마키아벨리의 이상은 미국 건국의 아버지들에게 영향을 미쳤다. 건국의 아버지들은 분명 보통의 사람들에 대해 마키아벨리가 가졌던 것보다는 더 많은 신뢰를 가졌다. 그럼에도 17세기 영국의 크롬웰이 주도한 의회의 지배가 초래한 재난을 기억하고 있었던 그들은 일반 대중에 대해 건전하게 의심하는 것을 잊지 않았다. 알렉산더 해밀턴은 마키아벨리에 대해 동의하면서 (그리고 무의식적으로 고대 중국의 사상가들을 옹호하면서) "인간은 야심적이고, 복수심이 있으며, 탐욕스럽다"고 쓰고 있다.[21] 그것이 바로 제임스 매디슨(1751-1836, 미국의 제4대 대통령)이 "사람들 개개인이 정부 활동을 하는 …" 직접 "민주주의" 대신에 "공화국"(이 경우 일반 대중의 변덕이 그들의 대표기구와 대리인에 의해 조절된다)을 선호한 이유이다.[22]

마키아벨리가 우리에게 주는 지혜의 핵심은 원초적 필요와 이기심이 정치의 동력이며, 그리고 그것 자체가 선한 것일 수 있다는 것이다. 왜냐하면 경직된 도덕적 주장들은 더 나은 대안을 가져오기보다는 전쟁이나 내전으로 이어지는 반면, 상충되는 이기심은 타협의 기초가 되기 때문이다.

마키아벨리는 "인간의 모든 것들은 변하고, 불변인 채로 머무를 수 없다"고 강조한다. 그리하여 원초적 필요는 근본적으로 억누르기 어렵다. 그 이유에 대해 하버드 대학의 하비 C. 맨스필드는 다음과 같이 말한다.

한 사람 혹은 한 국가는 오늘 한 번은 관용을 베풀 수 있을지 모르지만, 그러나 내일은 어떨까?[23]

미국은 오늘 동티모르에 개입할 능력이야 있겠지만, 내일 타이완 해협에서 그리고 한반도에서 싸울 여력이 있을까? 그 답은 긍정적일 수도 있다. 우리가 대규모로 행해지는 인권 말살을 중단할 수 있는 수단을 갖고 있다면, 그렇게 하는 것이 그 자체로서 선이다. 단 우리가 오늘만 아니라 그 다음에도 그렇게 할 능력을 보유하고 있다면 말이다. 위기가 끊이지 않는 시대에는 '불안한 선견력(anxious foresight)'이 신중한 정책의 핵심이 되어야만 한다.

FATE AND
INTERVENTION

전쟁, 변란, 혹은 다른 여러 위험들은 언제 그 징후를 알 수 있는가? 이 장은 안내자로서 마키아벨리와 함께 운명 결정론을 따져본다. 운명 결정론이란 역사적, 문화적, 경제적, 그리고 다른 선행하는 힘들이 사건을 결정한다는 믿음을 말한다.

06

운명 결정론과 개입:

국제 문제에 개입할 것인가, 말 것인가

이 장은 마키아벨리가 말한 "불안한 선견력(anxious foresight)"의 교훈, 즉 과거로부터 미래를 너무 협소하게 읽어내는 위험에 대해 검토한다.

불안한 선견력(anxious foresight)이라는 마키아벨리의 개념은 국제관계에서 가장 어려운 질문으로 귀결된다. 즉 '전쟁, 잔혹행위, 혹은 여러 다른 위험들은 언제 예측 가능해지는가이다.

기원전 2세기경 폴리비오스(기원전 200-118년경. 아카이아의 메갈로폴리스에서 출생하여 그리스의 독립을 위해 투쟁하다가 로마의 포로가 되었다. 16년간의 포로생활을 마치고 귀국 후 40권으로 된 『역사』를 저술했다.─옮긴이)는 기원전 333년 알렉산더 대왕이 페르시아와 벌인 전쟁의 기원은 몇 세대 전, 그러니까 그의 아버지 필리포스 2세가 살아 있을 때로 거슬러올라간다고 믿었다. 그 자신이 그리스의 정치가이기도 했던 폴리비오스는 "주어진 일련의 사건들에서 원인(the cause)은 맨 처음에 오고, 시작(the beginning)은 맨 마지막에 온다"라고 설명했다."[1] 폴리비우스가 말한 '원인'은 우리의 목적과 결정에 미리 영향을 미치는 조건들을 의미한다. '시작'은 단지 대재앙을 촉발시키는 직접적인 행동들을 의미한다.

그런 연유로, 1980년대 후반과 1990년대 초반, 옛 유고슬라비아 지도자들이 내린 결정은 단순히 코소보 전쟁의 "시작"이지 그 원인이 아니다. 그 원인은 제2차 세계대전 중 치렀던 유고슬라비아의 내전에서부터 출발했을 수도 있고, 혹은 좀더 가능성이 높은 것으로, 1980년대 초 경제 파탄, 냉전 안보구조 붕괴, 그리고 코소보 지역에서 발생한 세르비아인들에 대한 알바니아 소수민족의 반란 등이 한데 얽혀 민족 갈등이 심화되고 보다 큰 폭력 사태가 일어나기 쉬운 조건이 만들어진 데서 비롯됐을 수도 있다.

'일어나기 쉬운 조건(conditions favorable)'이란 어떤 사태의 발발이 불가피함을 암시하는 것이 아니고, 다만 만약 정책결정자들이 그 조짐들을 무시한다면 그럴 가능성이 매우 높다는 것을 뜻한다. 유고슬라비아의 상황은, 만약 마가렛 대처가 여전히 영국의 총리로 있었다면 1991년 혹은 1992년 초에 열린 어느 나토 회의에서 화난 듯이 핸드백을 두들기며, 그 전쟁이 보스니아로까지 확전되는 것을 막을 수 있었을 정도로 심각하거나 복잡하지는 않았다.

조기 경보는 위기 예방을 위한 필수조건이고, 1990년 영국의 보수당이 대처를 퇴임시킨 것과 같은 개별적인 사태들은 미리 예측할 수 없기 때문에, 외교정책은 비록 희미하더라도 미래의 사건에 대한 판단의 틀을 제공하기 위해, 예견될 수 있는 정보라면 무엇이든 현명하게 조직화하는 기술이 되어야 한다. 그것이 바로 마키아벨리의 교훈, 즉 "불안한 선견력(anxious foresight)"이다.

천천히 변하거나 전혀 변하지 않는 것은 예측 가능하다. 그런 것으로는 기후, 부존자원, 도시화 속도, 민족들 간의 관계, 중산층의 비율 등이 있으며 그 외에도 많다. 유엔이 각국의 문맹률과 출산율을 추적하는(그리고 그런 지표를 바탕으로 각국의 '인간개발지수'를 매기는) 이유는 그것들이 현재뿐만 아니라 미래에 대해서도 알려주기 때문이다.

1992년 1월 알제리의 결선투표 취소는 알제리에서의 이슬람 테러와 내란의 '원인'이 아니라 다만 그 '시작'이었다. 원인들에는 1992년 이전 수십 년간에 걸친 엄청난 인구증가율과 도시화도 포함되는데, 그 결과 실업으로 좌절한 수많은 젊은 청년들이 여러 도시들과 빈민가를 파괴했던 것이다.[2] 또한 현대의 비인간적인 도시환경에서 이슬람의 재창조 운동도 빼놓을 수 없는데, 그것은 그동안 도시 생활을 하면서 잊고 있던 이념적 엄격성을 제공했다. 아마도 이런 상황들은 알제리에서 폭동이 일어날 가능성이 점증하고 있음을 정책결정자들에게 알렸을 것이다.

1989년에 베를린 장벽이 붕괴되었을 때, 단지 역사의 증거, 문화, 그리고 지리적 여건에만 의지하는 분석가라면 바르샤바조약기구에 가입한 국가들이 10년 후에 처하게 될 상황을 미리 예상할 수 있었을 것이다. 제2차 세계대전 이전에 그리고 붉은군대가 동유럽을 장악하기 이전에, 프로테스탄트 및 가톨릭 문명권이었던 동독, 폴란드, 헝가리, 그리고 체코슬로바키아 서부지역은 많은 사람들이 이미 역동적인 중산층 생활을 누리고 있었다. 그 당시 체코슬로바키아 서부지역의 공업 생산량은 영국이나 벨기에의 그것과 비슷했다. 하지만 동부 그리스정교 문화권인 발칸반도의 국가들과 러시아는 사정이 달라서 수세기 동안 비잔틴 제국, 오스만 제국, 그리고 차르의 절대주의 치하에 억눌려 있었기 때문에, 중산층은 방대한 소농 인구에 둘러싸인 작은 반점에 지나지 않았다.

그런 가난한 나라들 가운데서도 러시아가 항상 가장 어려웠다. 러시아의 사회 구조는 공산주의에 의해 발칸 국가들보다 수십 년도 더 넘게 운영되었고, 그로 인한 문제들은 러시아 전역에 걸친 다양한 소수민족들, 그리고 아시아의 가장 불안한 지역과의 근접성 때문에 한층 더 복잡해졌다. 2000년에 동유럽의 경제발전 순위는 예상과 다르지 않게 제2차 세계대전 이전과 대체로 비슷했는데, 북부의 옛 합스부르크 지역(합스부르크 가문이 다스렸던 헝가리, 체코슬로바키아, 폴란드 등—옮긴이)이 가장 번영했고 그 다음이 발칸반도였으며, 러시아가 가장 뒤떨어졌다. 크로아티아는 그동안 중부유럽과 발칸반도 사이의 중간 지대라는 지리적 운명 때문에 1990년대 발칸지역의 무력충돌 사태에 시달렸으나, 지금은 발칸반도의 남쪽 국가들보다는 빠르게 시민사회로 발전하고 있다.

이러한 역사적, 문화적 패턴에도 예외가 있다. 세르비아는 러시아의 도시 주민들보다 사정이 훨씬 못하다. 북부 세르비아에 있는 헝가리계 가톨릭교도들은 부쿠레슈티의 루마니아 정교도들보다 사정이 좋지 않다. 그리고 가장 극적인 것은 그리스이다. 그리스는 동부 그리스정교 문화권에 속하는 발칸반도의 국가이지만, 유엔이 발표하는 인간개발 지수에서는 폴란드, 체코 공화국, 그리고 헝가리보다 앞서 있다.[3] 그러나 그리스가 공산주의와 발칸지역의 저개발 상태에서 벗어나기 위해서는 미국의 공산주의 게릴라 진압 지원, 트루먼 독트린에 따른 경제 원조(인구 750만 명의 국가에 1940년대 달러 가치 기준 100억 달러가 원조되었다) 그리고 1950년대 내내 그리스 내정에 대한 미국 중앙정보부의 전반적 간섭이 필요했다.

미래를 내다보기 위해 역사적, 문화적 모델을 사용할 경우 분명 장점이 있지만 그 약점 또한 만만찮다. 만약 트루먼 행정부가 그리스를 포기했더라면 어떻게 되었을까? 1940년대 후반에 그리스는 경제적으로 후진국이었으며, 전통적인 중산층도 없었다. 내전에 시달렸고, 서구의 계몽주의를 접한 적도 없었으며, 그리고 지리적으로도, 심리적으로도 서구보다는 러시아에 더 가까웠다. 역사와 지리만 보면 분명 그리스에 대한 원조는 무익한 조치였다. 하지만 그것은 성공했다. 미국이 그리스에 개입하는 데 비용이 많이 든 것은 사실이지만, 그리스가 1949년 소련의 위성국가가 되었을 경우 미국이 지출해야 했을 국방비와 사람들이 겪어야 했을 고난에 비하면 저렴한 것이었다.

소련의 붕괴는 이사야 벌린이 '역사적 필연성'으로 치부한 것에 대한 또 다른 논박이다.[4] 소련의 체제가 아무리 허약했다 하더라도 붕괴를 부추길 침략군대도 없이 대륙의 제국이 그다지도 빨리 스스로 해체되는 장대한 광경은 역사상 전례가 거의 없었다. 벌린의 동료들 가운데 하나가 "'필연성'은 그다지 전과가 좋은 편이 아니다"라고 인정하게 만든 것은, 이 극적이고도 예측하지 못했던 냉전의 종말이었다(이사야 벌린은 영국의 대표적인 정치철학자이자 반공산주의 사상가로 "역사는 그 원인들을 드러내지 않는다. 그것은 오직 설명할 수 없는 사건들의 공허한 연속만 보여준다"라고 말했다—옮긴이).[5]

필연성을 반박하는 감동적인 저술로는 사마천의 『사기』가 있는데, 사마천은 고대 중국의 투키디데스로서 진과 한 제국에 대한 역사서에 다음과 같은 글을 남겼다.

> 조그만 창문과 사립문이 달린 초가집에서 태어난 진서는 날품 팔이 겸 수비대 징집병이었으나 그 능력이라고는 평균적인 사람 수준에도 못 미쳤다. … 진에 대항하여 수백 명의 가난하고 불쌍한 군인들을 지휘했다. … 그가 괭이와 나뭇가지로 만든 무기들은 날카로운 창과 쇠꼬챙이에 대적할 수 없었다. 그가 이끄는 수비대 징집병들은 열국들의 군대와 비교하면 아무것도 아

니었다. … 진은 강대국으로서 100년 이상 열국들로부터 조공
을 받았다. 하지만 진이 전국을 지배하게 되자, 진서 같은 평범
한 사람들마저도 진에 대항했고, 진의 7대 선조왕릉들이 파괴되
었다.[6]

만약 미래가 실제로 인식될 수 있는 것이라면, 정치학은 지금보다도
한층 더 선호될 것이고, 결정론—역사적, 문화적,경제적, 다른 여러 선
행하는 힘들이 개인들과 국가들의 미래를 결정한다는 신념—은 이처
럼 평판이 안 좋은 단어가 되지는 않았을 것이다. 전쟁이 운명적으로
결정되는 경우는 드물었고, 승리 가능성이 희박한 전쟁에서의 승리는
주기적으로 역사의 방향을 바꾸어놓았다. 영국의 역사학자 토인비는
"인간의 영원한 약점들 가운데 하나는 자신의 실패를 전혀 통제할 수
없는 어떤 힘의 탓으로 돌리는 것이다"라고 말했다.[7]

위대한 지도자는 이상주의와 실현 가능성에 대해 어느 정도 감각을
갖고 있어야 한다. 마키아벨리의 『군주론』이 지금도 꾸준히 읽히고 있
는 이유는 부분적으로 그것이 운명을 받아들이지 않는 사람들 그리고
더 강력한 세력을 쳐부수기 위해 최상의 간계를 필요로 하는 사람들을
위한 지침서이기 때문이다.
하지만 이는 정책결정자들이 그들에게 위기를 알려주는, 그래서 위
기를 사전에 막아줄지도 모르는, 모든 객관적, 주관적 요인들을 무시
해야 한다는 말은 전혀 아니다.

———

결정론은 그리스의 스토아 학파가 개인의 도덕적 책임과 '인과율

(causation)'이라는 상호 모순되어 보이는 두 개의 개념을 인식한 이후부터 항상 논쟁거리가 되어왔다. 인과율이란 우리의 행동이 그전에 일어난 일련의 행동들로 인한 피할 수 없는 결과라는 믿음을 뜻한다.[8] 마키아벨리가 거부한 것은, 역사는 단 하나의 방향과 목적을 갖고 있다고 믿는 중세 가톨릭 교회의 운명 결정론이었다. 20세기의 역사는 결정론을 오늘날 정책결정자들이 당면한 가장 함축적인 철학적 문제로 만들고 있는데, 왜냐하면, 마르크시즘과 여러 어리석은 사상들의 오류 뒤에는 과거를 너무 협소하게 미래에 대입하는 오류가 자리하고 있기 때문이다.

마르크시즘이 결정주의 철학의 고전적 사례라면, 결정론은 또한 1930년대 나치 독일에 대해 유화정책을 펴도록 한 요인 중 하나였다. 유화정책은 권력에 대한 좁고 고정된 시각—누가 권력을 가지고 있고 못 가지고 있는가—의 위험성을 드러냈다. 그것은 누군가를 스스로 권력을 장악할 것인지 아니면 굴복할 것인지 하는 난처한 처지에 처하게 만든다. 유화정책을 지지하던 런던 〈타임스The Times〉의 편집인 제프리 도슨은 "만약 독일이 사람들이 말하는 만큼 정말 강하다면, 우리는 그들과 한패가 되어야 하는 것 아닌가?"[9] 라고 물었다. 체임벌린은 히틀러의 재무장은 문젯거리지만, 독일의 공업생산능력, 역동적인 인구 규모, 그리고 유럽의 심장부라는 전략적 입지로 보아 불가피한 것이라고 믿었다. 그리하여 히틀러는 저지당하지 않았다.

존경받는 강직한 체임벌린과는 달리, 처칠은 음주를 했고 "형편없는 방탕한 무리"와도 어울려 다녔다.[10] 체임벌린식 운명론에 대한 대안은 정확히 그런 불안정하고 건방진 인물이었다. 처칠의 넘치는 활력과 대영제국에 대한 깊은 애정은, 그로 하여금 영국의 총리가 관여하지 않은 채 결과물이 만들어지는 것을 상상할 수 없게 만들었다. 따라서 처칠은 히틀러에 대한 체임벌린의 태도에 내포된 불합리성을 간파했고, 이로 인해 체임벌린은 영향력을 상실했다.

처칠은 천성적으로 다원주의자였다. 다원주의자란 많은 사물들(특히 자신의 여러 행동들)이 서로 상호작용하고, 그 가운데 특정한 어느 하나가 미래를 결정하지는 않는다고 믿는 사람이다. 자신을 무시한 외교관료들보다 훨씬 더 날카로운 통찰력을 가졌음을 증명한 또 다른 지도자인 레이건 대통령과 마찬가지로, 처칠은 도덕적 열정—"순수한 증오(clean hatred)"—을 타고났는데, 그것은 체임벌린의 실용주의와 운명주의보다 한층 더 효과적이었음이 증명되었다.[11] 레이건의 첫 번째 취임사는 처칠의 말을 인용한 것으로 보인다.

> 나는 우리가 무엇을 하든 앞으로 우리들에게 다가올 운명이라
> 는 것을 믿지 않는다. 그러나 나는 우리가 아무 일도 하지 않는
> 다면 우리들 앞에 다가올 운명은 믿는다.

비합리적으로 보였을지 모르지만, 레이건은 1980년대에 냉전이 오래가지 않을 것이고 베를린 장벽이 붕괴할 것이라고 믿었다. 그렇게 함으로써, 레이건은 결정론의 또 다른 특성, 즉 그것이 지나치게 합리적이라는 점을 드러내보였다. 이는 정책분석가들과 전문가들에게서 나타나기 쉬운 결점인데, 단순히 합리적이기만 한 사람은 결코 처칠이 했던 식으로 히틀러에게 맞서지 않았을 것이다.

처칠과 레이건이 상당히 불리한 상황임에도 불구하고 전략적, 도덕적 결단성을 보여준 반면, 1993년 클린턴 대통령은 옛 유고슬라비아에 개입하여 보스니아 세르비아계가 보스니아 이슬람계에게 가한 전쟁범죄를 중단시키기를 주저함으로써 유화주의자들의 운명론을 따르는 것처럼 보였다.

클린턴이 보스니아 조기개입에 실패한 것에 대한 가장 강력한 비난 중 몇몇은 이사야 벌린의 추종자들로부터 나왔다. 그들은 개인이 총체적인 부정의(injustice)에 대해서뿐만 아니라 역사, 문화, 그리고 지리적 제약에 대해서도 대항할 권리가 있다고 옹호했는데, 이는 보스니아 사태와 관련된 논쟁에서 떠나지 않는 주제이다. 이사야 벌린과 윈스턴 처칠 둘 다 결정론을 혐오했지만, 처칠이 『강의 전쟁』에서 묘사한 수단의 지리적, 문화적 모습은 결정론으로 가득 차 있다. 이런 명백한 모순에 대한 설명은 합리적인 불안한 선견력(anxious foresight)과 종종 합리적이지 않은 결정론을 구분하기 위해서라도 필요하다.

———

냉전이 한창일 때, 옥스퍼드 대학에서 학생들을 가르치던 이사야 벌린은 부르주아적 실용주의를 옹호했고, 정치적 실험보다는 '타협적인 절충'을 지지했으며, 사회과학의 가치를 의심했고, 정치참여의 이점에 대해 회의를 품었다.12 당시는 인간행동에 대한 데이터만 충분하다면 문제 해결이 가능하다고 약속하는 사회과학이 인기를 누리고 있었고, 많은 학자들이 부르주아적 가치를 거부하고 마르크스주의적 유토피아를 지지했으며, 모든 사람은 '정치적 동물'이라고 주장되던 시대였다. 그런 상황에서 이사야 벌린은 모든 정치가들이 본받아야 할 회의론과 지적 용기를 전형적으로 보여주었다.

결정론에 대한 벌린의 공격은 그가 1953년에 행한 강의에서 집약되었는데, 그 원고는 이듬해 『역사적 필연성(Historical Inevitability)』이라는 책으로 출간되었다. 그 책에서 벌린은 생물학, 지리학, 환경, 경제법칙, 그리고 민족적 특징과 같은 여러 비인간적 요인들이 우리의 삶을 결정한다는 역사적 필연성은 비도덕적일 뿐만 아니라 비겁한 믿음이라고 비난했다.[13] 그는 아놀드 토인비와 에드워드 기번이 "국가"와 "문명"을, 그것들을 구성하는 개인들보다 "더 실제적인" 것으로 간주하고, "전통"과 "역사"를 "우리 자신보다도 더 현명한 것"으로 간주한다고 비난했다. 벌린의 일대기를 쓴 마이클 이그나티에프는 다음과 같이 말한다.

> 벌린의 도덕철학의 핵심은 도덕적 자주성을 가질 수 있는 권리를 인간으로부터 박탈하려는 어떤 시도들에도 철저히 반대한다는 점이다. 이 관점에서 보면, 공산주의와 파시즘은 다 같이 자신들의 추종자들을 세뇌시키고 그들의 적을 청산하려고 했던 그 방식에 중대한 잘못이 있다.[14]

지리적 여건, 집단의 특성 등은 우리들의 삶에 영향을 미칠 수는 있으나 결정하지는 않는다. 개인들은 자신들이 속해 있는 국가보다 훨씬 더 실제적인 존재이다. 자유로운 사고는 인간 본성의 핵심이다. 그리고 역사가 어느 정도는 우리들보다 현명할 수도 있고 우리는 역사의 방향을 알 수 없기도 하지만, 그럼에도 정책결정자들은 앞으로 일어날 사건들을 예측하기 위해 가능한 모든 수단들을 사용하지 않으면 안 된다. 이런 관점은 자명해 보이지만, 마르크시즘과 다른 여러 사회과학의 학설들이 한창 유행하던 시절에, 벌린이 속해 있던 학계에서 그런 분명한 주장을 하는 데는 용기가 필요했다.

벌린이 공격했던 마르크시즘과 파시즘은 사라졌다. 하지만 다른 여러 결정론적 이데올로기들, 예컨대 급진적 이슬람주의와 기술에 대한 맹목적 믿음 같은 것들은 앞으로도 진화를 계속할 것이고, 그 점이 바로 내가 벌린의 반전체주의 저술들이 21세기에도 계속 읽힐 것이라고 판단하는 이유이다. 그렇지만 오늘날의 외교정책의 과제들은 벌린이 모든 형태의 결정론들에 전적으로 반대하는 과정에서 일견 거부하는 듯 보이는 환경, 인구구조, 역사적 상황, 그리고 다른 요인들에 대한 고려 없이는 해결될 수 없다.

벌린은 칸트의 말을 인용하여 "자신의 생각에 따라 행동하는 자만이 자신이 행한 것들에 대해 칭찬을 받거나 비난을 받을 수 있기 때문에" 결정론은 도덕성과는 양립할 수 없다고 말한다.[15] 그가 환경, 인구구조, 그리고 역사적 상황은 문제가 되지 않는다거나 혹은 그것들이 개인들의 선택에 영향을 미치지 않는다고 말하고 있는 것은 아니다. 그의 요지는 다만, 우리의 행동이 제아무리 외부의 요소들로부터 영향을 받는다 할지라도, 궁극적으로는 우리 자신이 우리 행동에 대해 도덕적 책임을 지지 않으면 안 된다는 것이다. 환경이 인간의 행동과 욕구에 어떤 영향을 미치는지를 인식한 벌린은 다음과 같이 서술한다.

먹을 것도 풍부하지 않고, 따스한 집이나 거처도 없고, 그리고 최소한의 안전도 누리지 못하는 조건에서 사는 사람들이 계약

의 자유라든가 표현의 자유에 스스로 관심을 기울이리라고 기
대하기는 어렵다.[16]

토지의 비옥도와 도시화 정도에 기초한 예측은 개인의 선택보다는
집단 행동에 초점을 맞추며, 그런 예측은 근본적으로 생물학적 결정론
의 가정들에 기초해 있다. 개체수 과잉의 압력에 대한 영장류의 반응
같은 것 말이다. 예를 들면, 토지 비옥도의 하락, 치솟는 인구증가율
(르완다 여성의 평균 임신횟수는 8회였다), 그리고 1960년대와 1970년대
에 대규모로 진행된 인종 살상을 감안하면, 1994년 이전에라도 르완
다에서 대규모 폭력사태가 재발하리라는 예측은 가능했다.[17] 폭력사
태의 예측이 곧바로 폭력사태를 유발하는 것도 아니고, 그것을 방지하
는 데 도움이 되는 것도 아니지만, 그것은 정부로 하여금 그 예측들에
대해 심각하게 생각하고 또한 적시에 행동하도록 해준다.

이는 명백한 사실을 장황하게 늘어놓는 것처럼 보일지 모르지만, 단
지 그것이 처참한 결과를 경고하기 때문에 저널리스트와 지식인들 가
운데는 그런 예측을 결정론적이라고 치부해버리는 경향이 있다.

워싱턴에 있는 군사분석센터는, 여러 지역의 불안정 상태를 예측하
는 상당한 기록들을 보관하고 있는데, 마치 보험계리사가 사람의 건강
상태를 평가하듯 세계의 여러 국가들을 평가하고 있다. 그 분석에서
개인의 도덕적 선택은 거의 혹은 전혀 영향을 미치지 않는 반면, 인구
나 역사 같은 방대한 비인간적 요인들이 중요한 역할을 한다. 이 연구
소의 분석방법은 미국의 군대와 정보기관에서만 사용하는 독특한 것
은 아니다. 미국의 중앙정보부는 주로 역사적 추세, 특히 인종간 갈등

의 추세에 근거하여, 유고슬라비아의 폭력사태를 그것이 실제로 발생하기 일년 전 국가정보예측 보고서를 통해 경고했다. 그것은 '불안한 선견력(anxious foresight)'을 가져야 하는 기관이 수행해야 할 합당한 업무였다. 벌린이 결정론을 공박했을 당시, 그는 임박한 위험의 신호를 무시해도 좋다는 말은 하지 않았다.

따라서 처칠이 지리, 기후, 그리고 역사가 수단의 아프리카계 및 아랍계 거주민들에게 미치는 영향에 대해 서술했을 때, 그는 숙명론에 빠져 있지는 않았다. 그는 오직 자신이 아는 것과 경험한 것을 기록했을 뿐이며, 그럼으로써 그곳에서 현실을 바꾸기 위해서는 어떤 비상한 노력이 필요한지를 보여주었다.

그런 솔직한 진술은 반드시 필요하다. 모든 나라와 위기를 희망적인 가능성들로 가득 찬 백지상태로 여기는 것은 위험한 일이다. 즉, 어떤 곳에서 성공한 방식이 다른 곳에서는 성공하지 못할 수도 있다. 그런 관점에서 레이몽 아롱은 "확률적 결정론의 진실에 근거한 냉정한 윤리"에 대해 쓰고 있는데, 이는 "인간의 선택이 항상 어떤 테두리 혹은 과거의 유산과 같은 제약 속에서 이루어지기 때문이다."[18] 여기서 핵심은 '확률적'이라는 단어다. 이 말은 집단들과 지역들 간의 명백한 차이를 인식하고 있지만 지나치게 단순화하지 않고 많은 가능성을 열어두는 부분적 혹은 유보적 결정론을 의미한다. 아무리 과감한 정치가라고 해도 희망에 근거하여 무모한 베팅을 하지는 않는다. 그는 주어진 상황에서 달성 가능해 보이는 것들 가운데 유리한 쪽을 택한다. 가장 심각한 상황에서조차도, 더 낫거나 더 나쁜 결과가 초래될 수 있기 때문이다.

그리하여 책임감 있는 외교정책은 제한적인 정도의 결정론을 필요로 한다. 그것은 또한 제한적인 정도의 유화정책을 필요로 한다. 인권유린을 무조건 용납하지 않겠다는 것은 소말리아, 아이티, 보스니아, 그리고 코소보뿐만 아니라, 아브하즈(조지아의 행정구역), 나고르카라바흐(아제르바이잔의 행정구역), 잠무카슈미르(인도 북서부 지역), 르완다, 브룬디, 콩고 동북부, 시에라리온, 라이베리아, 앙골라, 그리고 그외 많은 지역에서도 미군이 순찰 활동을 펼친다는 것을 의미하게 되는지도 모른다. 유엔의 지원 아래 미국과 여러 강대국들이 참여한 국제경찰조직의 창설은 빈번한 개입을 보다 현실적으로 만들 것이다. 하지만 여전히 어느 지역에 개입해야 하는지 논란이 있을 것이다. 특히 인구증가, 도시화, 그리고 희소자원이 인종 갈등을 확대시킴에 따라 전세계적으로 폭력사태가 증가하고 있는 시대에 말이다. 어느 지역에서 인권유린이 해소되었다 해도 국제경찰은 기약없이 그곳에 주둔해야 할지도 모른다. 그러므로 개입은 심지어 개입 의지와 인적자원이 충분할 때에도 언제나 선택적이어야 한다.

다른 여러 유화정책들에 비해 1938년 뮌헨의 대실패를 우리가 잊지 않고 있다는 사실은 어떤 긴급사태가 중요하다고 생각되고 무엇이 중요하지 않은지에 대해 우리가 항상 선택적이었음을 보여준다. 1919년 서구 동맹국들은 일본의 산둥반도 침략을 승인했다. 1932년 그들은 일본이 만주침략을 시작하자 또다시 일본에게 양보했다. 이것은 1937년 일본으로 하여금 난징대학살을 저지르게 만들었는데, 당시 일본의 병사들은 4만 명에서 6만 명에 달하는 중국의 민간인들을 소총, 기관총, 그리고 등유를 뿌리고 불을 지르는 방법 등을 사용하여 직접 죽였다.[19]

하지만 보스니아, 르완다, 그리고 티모르에 관해 열띤 논의를 할 때, 대체로 참고한 전례는 뮌헨 사건이었지 난징대학살이 아니었다. 심지어 후자는 아직도 일본과 중국 사이에 미해결된 외교적 문제로 남아 있는데도 말이다. 우리의 집단기억이 가진 독특성으로 인해, 특히 우리의 정치적, 군사적 자원의 한계, 거대한 세계와 그 복잡한 문제들을 고려할 때, 우리는 미래의 개입에 대해서도 마찬가지로 차별적이 될 것이다.

중대한 전략적 이해와 도덕적 이해가 교차할 때는 언제라도, 예컨대 1930년대의 만주와 중부유럽, 더욱 최근에는 보스니아가 그런 경우인데, 우리는 개입을 할 것이고, 당연히 개입해야만 한다. 하지만 그렇지 않은 경우 개입을 결정하는 데는 여러 합당한 요인들이 고려되어야 할 것이다. 예컨대 지리적 여건, 역사 및 인종적 패턴, 군사 활동의 용이성, 동맹국들의 입장, 그리고 우리 자신의 결의 정도를 고려해야 한다. 만약 우리의 결의가 충분하다면 다른 모든 장애요인들을 압도할 수도 있을 것이다. 진정한 국제경찰의 출현은 무한대는 아닐지라도 개입의 범위를 확대할 것이다.

기독교 정신은 세상을 도덕적으로 정복하겠다는 것인 반면, 그리스의 비극은 조화될 수 없는 여러 요인들의 충돌에 관심을 둔다. 마키아벨리가 잔인하지만 정확하게 설파한 대로, "진보는 때로 서로 싸우는 가운데 오기도 한다."[20] 어디에 개입할지를 결정하는 데 있어, 정책결정자들은 이런 까다로운 진실들이 우리의 장기적인 목표들에 기여하도록 해야 할 것이다. 즉, 우리는 미덕은 좋은 것인 반면에 지나친 미덕은 위험할 수도 있다는 사실을 깨달아야 한다.[21]

사람들과 그들의 운명은 어디에서나 중요하다. 그러므로 우리가 그들에 대해 일반화하면서 개입하지 않을 때마다, 우리는 무관심, 무지, 그리고 정치적 계산이라는 잘못을 범하게 된다. 한편, 우리는 조셉 콘래드의 소설 『암흑의 심장(Heart of Darkness)』(1899년 발표)에 등장하는, "잘 보이지도 않는 광막한 공간에다 대고 무차별적으로 포탄을 퍼붓는 포함" 같아서도 안 된다.[22]

THE GREAT DISTURBERS: HOBBES AND MALTHUS

자가 시대의 정치적 격변에 영향을 받은 홉스는, 허영과 과도한 자신감이 사람들의 눈을 멀게 하는 만큼이나, 공포는 사람들로 하여금 명확히 바라보고 도덕적으로 행동하게 만든다는 신념에 도달했다. 홉스는 "최고의 미덕은 어울릴 수 있는 사람들과는 어울리고, 그렇지 않은 사람들과는 담은 쌓는 것이다"라고 말한다. 홉스에 따르면, 이타주의

위대한 교란자들: 홉스와 맬서스

는 부자연스럽고, 인간은 탐욕스러우며, 만인의 만인에 대한 투쟁은 인간의 자연 조건이다. 자유는 오직 질서가 확립된 후에만 고려될 수 있는 문제이다. 토머스 맬서스는 부족한 농토, 기아, 질병, 빈곤층의 삶의 질 등이 정치에 미치는 영향에 대해 최초로 관심을 가진 철학자로서, 21세기에 인류가 다루어야 할 가장 중요한 토론거리를 제시했다.

외교정책에서 운명을 겸손하게 받아들이는 것은 종종 아무 일이 없기보다는 고난으로 귀결되곤 한다. 고대의 지적 감각에 기초한 성숙한 인생관은 우리가 항상 원하는 결과를 얻을 수는 없다는 사실을 깨닫는 데서 시작된다. 비극은 선에 대한 악의 승리에 있는 것이 아니라 고통을 초래하는, 하나의 선에 대한 또 다른 선의 승리에 있기 때문이다. 이와 같은 사실의 인식은 희망보다는 공포에 기반한 강인한 도덕성으로 연결된다. 공포가 주는 도덕적 이점은 우리를, 마키아벨리처럼 수세기 동안 선의를 가진 사람들을 혼란스럽게 해 온 두 명의 영국 철학자에게 안내한다. 바로 토머스 홉스(1588-1679)와 토머스 맬서스(1766-1834)가 그들이다.

———

홉스는 1588년 태어나 91세까지 살았으니까 그 당시로서는 정말 장수한 사람이었다. 비록 홉스는 우울한 철학자로 너무나 잘 알려져 있지만, 그는 개인적으로는 퍽 상냥한 사람이었다. 키가 크고 늘 꼿꼿한 자세를 유지한 그는 70세가 훨씬 지나서도 테니스를 치고, 80대에 호메로스의 『오디세이아』와 『일리아스』를 번역하는 등, 죽을 때까지 활동을 멈추지 않았다.

목사였던 부친이 네 살난 홉스를 버렸기 때문에, 홉스는 부유한 삼촌 집에서 자랐고 덕분에 옥스퍼드 대학에서 공부도 했는데, 거기서 홉스는 여러 과목들 중에 지리학을 가장 열심히 했다. 부유한 젊은이 윌리엄 캐번디시의 가정교사를 하면서 홉스는 유럽을 여행하는 혜택을 누렸고 엄청난 규모의 도서관을 이용할 수도 있었는데, 그 도서관에서 홉스는 자신을 그리스어 및 라틴어로 된 고전, 역사, 과학, 그리

토머스 홉스

고 수학으로 안내하는 지적 여행을 시작했다. 그는 그것들을 여러 권의 두툼한 철학서들에 집약했는데, 그중에서도 가장 유명한 것이, 지금도 마찬가지지만 홉스가 살던 시대에 이미 논쟁의 대상이 되었던 『리바이어던』이다. 그 이유는 홉스가 민주 정치보다는 왕정을 더 선호했고, 인간이 도덕적 선택을 할 능력이 있는지 의문을 제기했기 때문이었다. 홉스는 또한 투키디데스의 『펠로폰네소스 전쟁사』를 번역 출판했는데, 이 책은 지금도 여전히 읽히고 있다.

홉스는 1630년대 영국에서 갈수록 불만이 팽배해져가는 현실에 영향을 받았는데, 그러한 불만은 1642년에서 1651년에 걸친 일련의 내전(Civil Wars, 찰스 1세와 의회의 싸움)으로 이어졌다. 비록 홉스의 정치적 주장들 가운데 많은 것들이 1640년대의 무정부상태 이전에 이미 구체화되었지만, 그런 폭력적 사건들로 인해 홉스의 견해는 더욱 확고해지고 또한 정교해졌다.

1642년, 과중한 조세, 독과점, 그리고 성직자들의 역할에 대한 반발은 찰스 1세와 의회 사이의 전쟁으로 이어졌다. 의회의 '신형군(New Model Army)'은 영국의 서남부 지역을 휩쓸었고, 의회에 반대하는 스코틀랜드는 북쪽을 장악했다. 왕당파 군대가 패주하자 찰스 1세는 스코틀랜드 군대에 보호를 요청했으나 스코틀랜드는 오히려 찰스 1세를 의회파에 넘겼다. 그러나 찰스 1세는 탈출하여 또 다른 전쟁을 벌였으나 결국 신형군에 의해 궤멸되고 1649년 재판 끝에 처형되었다. 뒤이어 전쟁은 아일랜드로 확대되었는데, 거기서는 가톨릭 세력과 찰스 1세의 아들인 찰스 2세—그 무렵 스코틀랜드에서 왕위에 등극했고, 스코틀랜드를 새로운 동맹군으로 삼았다—에 충성하는 왕당파들이 의회 군대에 맞서 봉기했다. 비록 의회파가 아일랜드의 반란을 진압했으나, 찰스 2세가 잉글랜드로 깊숙이 진군해 오는 것을 막지는 못했다. 그러나 찰스 2세는 곧 패배했고 프랑스로 탈출함으로써 내전은 1651년 막을 내렸다.

새로운 영국의 호국경이 된 올리버 크롬웰은 정열적인 청교도로서, 이미 20년도 더 전에 찰스 1세 휘하의 가톨릭 주교들에 대한 공격을 주도한 적이 있었는데, 이는 영국 내전(청교도혁명)에 불을 붙이는 계기가 되었다. 크롬웰은 기독교 신자들은 성직자라는 중개자를 거치지 않고 직접 하느님과 대화할 수 있다고 믿었다. 조직의 천재인 크롬웰은 의회의 신형군을 조직했는데, 그 군대는 의회에 대해서조차도 너무도 강력한 존재여서, 몇몇 의회 지도자들은 크롬웰에 맞서 스코틀랜드에 도움을 요청하기도 했다. 왕당파가 엄청난 손실을 입었음에도 불구하고 내전을 계속할 수 있었던 것은 의회파와 의회군대 사이의 분열 덕분이었다.

크롬웰의 군대가 의회를 해산시키고 나자, 크롬웰은 실질적인 독재자가 되었다. 그는 기존의 의회를 제2의 입법기구로 대체하려고 했는데, 그것의 급진적인 성향으로 인해 나중에 '성인들의 의회(The Assembly of Saints)'로 불리기도 했다. 돋을새김 무덤들과 교회 조각상들을 우상으로 판단하고 훼손한 사람들도 원두당원(Roundheads, 1642-1651년 영국 내란 당시 왕당파에 맞서 머리를 짧게 깎았던 청교도의 별명—옮긴이)으로 알려진 크롬웰의 충성파들이었다. 크롬웰은 1658년 말라리아에 걸려 사망했다. 1661년 찰스 2세가 복귀한 뒤, 웨스트민스터 교회에 방부처리되어 매장된 크롬웰의 유골은 파헤쳐져 타이번에 있는 범죄자 공동묘지로 이장되었다.

그 기간 대부분을 파리에서 지낸 홉스는 목숨이라도 부지하려고 영국을 도망쳐 나온 왕당파들과 함께 지냈다. 그런 점에서 투키디데스나 마키아벨리와 마찬가지로 홉스의 철학은 자신이 직접 겪은 정치적 혼란을 바탕으로 형성되었다.

투키디데스와 마키아벨리가 그랬던 것처럼, 홉스는 과거의 역사와 당대의 사건들을 바탕으로 자신의 철학을 구성했다. 그는 그 속에서 인간이 어떻게 자신의 열정에 따라 행동하는지를 수없이 보았다. 역사에서 홉스는 허영과 자만심이 인간을 맹목적으로 만드는 것과 마찬가지로, 공포가 인간으로 하여금 사물을 똑바로 보게 하고 도덕적으로 행동하게끔 한다는 것을 배웠다. 홉스에 의하면, 미덕은 공포에 뿌리를 두고 있다. 홉스는 "최고의 미덕은 어울릴 수 있는 사람들과는 어울리고, 그렇지 않은 사람들과는 담을 쌓는 것이다"라고 말한다.

홉스 사상에 대한 많은 유용한 분석들 중에서 가장 뛰어난 것은 시카고 대학의 정치학 교수 레오 슈트라우스가 쓴 『홉스의 정치 철학: 그 토대와 기원』으로, 1936년 출간되었다.[2] 슈트라우스와 다른 여러 학자들에게 홉스는 최고의 건설적 비관주의자(ultimate constructive pessimist)일 수도 있다. 인간 본성에 대한 홉스의 관점은 너무도 비관적이다. 홉스의 생각에 이타주의는 자연스런 것이 아니고, 인간은 탐욕스러우며, 만인의 만인에 대한 투쟁은 인간의 자연적 상태이고, 이성은 대체로 열정을 제어하지 못한다. 인간 본성에 대한 이런 관점이 바로 미국 헌법에 구현된 권력 분립의 기초이다. 해밀턴은 "인간의 열정은 제약을 당하지 않는 한 인간의 이성을 따르지 않을 것이다"라고 주장했고, 매디슨은 "야심은 야심으로 견제하게 해야 한다"고 말했다.[3] 홉스의 사상에 한층 더 공감하여, 해밀턴과 매디슨은 이상(ideal)보다는 비합리적 동기가 더 강력한 힘을 발휘한다는 사실을 일관되게 강조했다. 해밀턴은 "인간은 단지 그 일을 계획할 때 자신이 참여하지 않았다거나 혹은 그 일이 자신이 싫어하는 사람에 의해 계획되었다는 이유로 종종 그것을 거부한다"고 썼다.[4]

홉스는 인간은 공포와 욕망을 끊임없이 불러일으키는 수많은 대상들과 항상 접촉한다는 점에서 다른 동물들과 유사하다고 말했다. 인간은 미래를 상상할 수 있기 때문에, 순간적인 인상에 덜 좌지우지된다. 하지만 그 다음에는 무엇이 올 것인지 생각할 수 있는 인간의 능력은 추가적인 욕구와 공포를 불러오는데, 이 점은 동물의 세계에서는 볼 수 없는 특징이다. 그러므로 인간은 "가장 교활하고, 가장 강하고, 가장 위험한 동물이다."[5]

인간이 느끼는 가장 큰 공포는 폭력에 의한 죽음, 즉 같은 인간의 손에 죽는 것이라고 홉스는 말한다. 또 홉스는 바로 이런 '이성에 앞선' 공포가 모든 도덕성의 기초인데, 왜냐하면 공포가 인간들로 하여금 서로 '화합하도록' 만들기 때문이라고 말한다.[6] 그러나 그 경우의 도덕성은 필요에 의한 것이지 선택한 것은 아니다. 인간은 육체적으로 자신을 보호하기 위해서는 자신을 국가에 복종시키는 외에 달리 선택의 여지가 없는데, 홉스는 그런 국가를 리바이어던에 비유한다. 리바이어던은 구약성서 『욥기』에서 하느님이 '자부심을 가진 모든 아이들 위에 군림하는 왕'이라고 부른 거대한 바다 짐승이다.[7]

이것은 전적으로 독창적인 사상은 아니다. 기원전 4세기에 아리스토텔레스는 도시국가가 생긴 것은 범죄자에 맞서 생명과 재산을 보호하기 위해서라고 지적했다.[8] 그리고 14세기 아랍의 정치인이자 사회학자인 이븐 칼둔은 "공격성과 부정함(injustice)은 인간의 동물적 본성이기 때문"에 "왕권"을 "다른 사람들에 대한 억제적 영향력을 행사하는 것"으로 정의했다.[9] 그러니까 홉스가 한 일은 오래된 사상을 정교하게 다듬은 것이다.

리바이어던의 원래 목적이 사람들이 서로 죽이는 것을 막으려는 것

홉스의 '리바이어던'

이므로, 리바이어던은 힘의 독점자인 셈이다. 그러므로 전제정치는 자연적인 상태로서 "당연시 될 수 있는 것이다."[10] 홉스는 다른 정부 형태보다 군주정을 선호했는데, 그 이유는 군주정이 자연적 세계의 위계 구조를 반영하고 있기 때문이었다. 민주주의와 다른 선진적인 형태의 정치 체제는 비록 '인공적'일지라도, 성공을 거둘 여지가 없는 것은 아니지만, 뿌리를 내리려면 재능 있는 엘리트뿐만 아니라 교육받은 대중들이 필요하다.[11]

홉스의 유명한 주장에 따르면, "정의(Just)와 부정의(Unjust)라는 말이 존재하기 전에, 어느 정도 강제적인 권력이 선행되어야 한다 …"[12] 왜냐하면 "공권력에 의한 제약이 없는 경우 … 모든 사람은 모든 것을 할 권리가 있다. 따라서 어떤 행동도 부정의한 행동일 수 없다."[13] 요컨대, 폭력적인 인간 세계에서는 어떤 행동이 처벌받을 수 있을 때만 비도덕적이 된다. 잘못된 행동을 처벌할 수 있는 리바이어던이 없이는 자연 상태의 혼돈으로부터 벗어날 방법이 없다.

1995년과 1996년, 시에라리온의 수도 프리타운의 거주자들은 남아 프리카 용병들의 주둔으로 인해 보호받았다. 1997년 용병들이 떠나자마자 군사 쿠데타가 일어나 무정부상태에 돌입했으며 심각한 인권유린 상황이 발생했다. 민간정부는 또 다른 용병, 이번에는 영국의 용병의 도움을 받고서야 권력을 되찾을 수 있었다.[14] 1998년 12월 또다시 용병들이 철수하자 수도의 질서는 완전히 무너지고, 폭도들로 구성된 군대가 프리타운으로 진격하여 수천 명을 죽이고 절단하고 납치했다. 2년 뒤 똑같은 폭도들이 프리타운으로 가까이 쳐들어오자 국제사회는 수도를 방어하기 위해 영국의 특공대를 파견했다. 제대로 기능하는 제도도, 경제 활동도 없고, 무장한 많은 젊은이들로 넘쳐나는 시에라리온은 자연 상태의 복제판이었다. 그곳에 필요한 것은 자유선거가 아니라 리바이어던, 즉 폭력을 독점할 정도로 충분한 힘을 가진 정치 체제이며, 그래야만 약탈을 일삼는 무장폭도들의 무법 천지로부터 거주자들을 보호할 수 있다. 국가란 애초에 오직 자연 상태에서 나올 수 있는 것이므로, 전제적 체제가 자유주의 체제에 앞서 실행되어야 하고, 민주주의 이전에 질서가 확립되어야 한다. 만약 아이티와 콩고 공화국에 폭력을 막을 수 있는 정부가 없다면, 그곳에서 선거를 치르는 것은 아무런 도움이 되지 않을 것이다.

자유는 다만 질서가 확립된 후에 논의할 문제이다. 이사야 벌린은 다음과 같이 말한다.

> 우리는, 인간의 본성이 자유를 추구하는 것이라고 말한다. 하지만 인간의 긴 역사에서 지극히 적은 수의 사람들만이 사실상 자유를 추구해왔을 뿐이고, 다들 다른 사람의 지배를 받는 것에 만족하는 것처럼 보인다. 그럼에도 불구하고, 왜 인간만이 기껏 소수의 사람들이 자신의 이익을 위해 추구해왔고, 여전히 적극적으로 싸워서 얻으려 하지 않는 것을 기준으로 분류되어야 하는가?[15]

홉스의 주장을 한층 더 직접적으로 표현한 것이 하버드 대학의 새뮤얼 P. 헌팅턴 교수가 쓴 고전 『변화하는 사회의 정치질서』이다. "국가들 사이의 가장 중요한 정치적 구분은 정부의 형태가 아니라 정부의 수준(degree)과 관련 있다. 민주국가와 독재국가의 차이는 합의, 공동체, 합법성, 조직화, 효과성, 그리고 안정을 정치에서 구현하고 있는 국가와 그렇지 못한 국가 사이의 차이만 못한 것이다."16

홉스는 폭력에 의한 죽음의 공포가 (범죄를 저질러 처벌받는 공포가 아닌) 양심의 기초이며 또한 종교의 기초라고 말한다. 폭력에 의한 죽음의 공포는 사람들로 하여금 삶의 비극을 충분히 이해하도록 해주는 심오한 공포이다. 사람들이 시민사회를 만들도록 유도하는 내면적 확신을 개발하는 것은 그런 깨달음에서 비롯된다. 처벌에 대한 공포는 "오직 그 다음의 단계만 보게 하는 일시적인 공포이다."17

폭력에 의한 죽음의 공포는 계몽된 이기심의 초석이다. 인간은 국가를 형성함으로써 폭력에 의한 죽음의 공포—모든 사람들이 두루 느끼는, 상호간의 공포—를 오직 법을 어긴 사람만이 부딪히게 되는 공포로 대체한다.

홉스의 개념은 오랫동안 인간의 자연 상태와 부딪혀본 적이 없는 도시의 중산층들로서는 이해하기 어렵다. 하지만 문화적으로, 기술적으로 아무리 선진화된 사회라 하더라도, 어떤 식으로든 인간의 원초적 상태를 염두에 두고 있어야만 시민사회가 지탱되고 또한 유지될 수 있게 된다.

물론 우리 시대에 의약품과 생명공학기술이 인간 본성 자체를 바꿀 수 있을지도 모르겠지만, 그것은 오직 세계의 선진지역에서나 가능한 것이고, 그나마 그런 기술을 개발하는 사람들은 항상 그랬던 것처럼 자신들의 이기심이라는 고상한 원칙을 따를 것이다. 게다가 생명공학기술이 진보하면 할수록 우리는 죽음의 공포를 덜 느낄 것이다. 그렇게 될 경우 홉스의 관점에 따르면, 우리는 한층 더 공허해지고 또 결과적으로 비도덕적으로 되고 말 것이다. 우리의 열정은 기술이 발전할수록 한층 더 정제되고 또 강박적으로 되어 인간의 냉혹성을 증가시킬 것이다. 우리가 자연 상태로부터 멀리 벗어났다고 생각하면 할수록, 실제로는 얼마나 그것과 가까이 있는지를 일깨워주는 홉스가 더욱더 필요할 것이다.

———

홉스는 과학의 영향을 많이 받았으나 그의 철학은 역사 읽기와 개인에 대한 관찰을 바탕으로 형성되었다. 시민사회의 토대를 이루는 근본 동기에 대해 홉스만큼 깊이 이해한 철학자는 없었으며, 이는 『연방주의자 선언문(The Federalist Papers)』에 홉스 사상이 반영된 이유일 것이다. 매디슨이 "파당의 원인은 제거할 수 없으며, 해결책은 오직 그 결과를 통제하는 수단을 찾는 것뿐이다"라고 말했을 때, 그는 인간은 갈등을 피할 수 없으며, 유일한 해결책은 보다 높은 통제 권력이라고 한 홉스의 사상을 반복한 것이다. 그것이 바로 홉스의 『리바이어던』의 핵심 내용이다.[18] 미국 건국의 아버지들은 무정부상태에 대해서 지나칠 정도로 두려워했다. 매디슨은 고대 그리스의 정치가 솔론(기원전 640-559년경 아테네의 입법가, 그리스 7현 중의 한 사람―옮긴이)이 아테네의 질서를 유지하기 위해 사용한 불신에 근거한 조치들을 옹호했고, 해밀턴은 취약한 중앙 정부로 인해 영주들 간의 잦은 전쟁을 가져온 봉건체제의 문제점을 신랄하게 묘사했다.[19] 해밀턴은 "중앙 정부가 없는 국가는, 내가 보기에 끔찍한 광경일 뿐이라고 썼다."[20]

비록 민주주의에는 반대했지만 홉스는 여전히 정부의 합법성은 피통치자들의 권리로부터 나온다고 믿는 자유주의자였으며, 이 점이 그를 마키아벨리와 구별시켜준다.[20] 게다가 홉스가 글을 쓸 당시 근대화는, 그가 합법성을 부여한 중앙 권위의 확립을 통해 중세적 질서를 파괴하는 것을 의미했으므로, 홉스는 근대화주의자라 할 수 있다.[22] 『연방주의자 선언문』은 홉스적 진실을 정교하게 표현한 것이라 할 수 있다.[23]

　미국 건국의 아버지들은 홉스가 멈춘 지점에서, 무정부상태를 대체하고 인간을 서로로부터 보호하기 위한 질서를 확립할 필요성을 가지고 출발한다. 그곳에서 한 걸음 더 나아가 그들은 그러한 질서의 도구가 독재적이지 않도록 하는 방법을 강구한다. 매디슨은 다음과 같이 쓰고 있다.

　　정부를 구성할 때, 가장 큰 어려움은 이 점에 있다. 우선 정부가 피통치자들을 통제할 수 있어야 한다. 그 다음에는 정부가 스스로를 통제할 수 있도록 해야 한다. 물론 국민에 대한 의존이 정부에 대한 일차적인 통제이다. 하지만 경험은 인류에게 예비의 예방책이 필요하다는 사실을 가르쳐주고 있다.[24]

　그런 예방책—매디슨이 '신중함의 발명(inventions of prudence)'이라고 명명한—은 바로 미국의 정부를 행정부, 입법부, 사법부로 나누고, 입법기관을 또다시 상원과 하원으로 나누는 견제와 균형이다.[25]

　비록 미국 건국의 아버지들은 군주정치에 대해서 홉스보다는 훨씬 낮게 평가했지만, 열정과 이기심이 어떻게 인간이 다른 인간을 해치도록 하는가에 관심을 두었다. 따라서 매디슨의 희망적인 생각은 미래의 "미국 공화국이 수많은 부문들, 이해 집단들, 그리고 시민 계층들로 쪼개진 사회로 이루어지고, 개인들의 권리 혹은 소수집단의 권리는 이해관계가 있는 다수집단의 결합으로부터 거의 위협받지 않게 되는 것"이었다. 그리고 매디슨은 안전은 '이해관계의 다양성' 그리고 '분파의 다양성'에 의해 보장될 것이라고 결론을 내렸다.[26]

미국 건국의 아버지들은 홉스로부터 상당히 멀리 나갔지만, 그들은 홉스의 중심적 논제로부터 떠나지는 않았다. 즉, 좋은 정부는 오직 인간의 열정에 대한 냉철한 이해로부터 나올 수 있다는 것 말이다. 매디슨이 주장한 것처럼, "플라톤이 바랐던 것과 같은 철인 군주만큼이나 철학자들로 구성된 국가는 기대할 바가 못 된다."[27]

미국의 혁명은 구텐베르크의 활판인쇄술 발명 없이는 상상할 수 없는 것처럼, 또한 홉스와 마키아벨리의 철학 없이도 상상할 수 없다. 물질적 수단을 획득하려는 인간의 욕구가 모든 갈등의 원인이라는 사실을 인식한 것은 마키아벨리였다. 그리고 미래는 예측할 수 없는 것이므로 인간은 얼마나 많은 물질적 부가 충분한 것인지를 전혀 알지 못한다. 따라서 그는 필요하든 않든 계속 획득하고자 한다. 그것이 홉스로 하여금 재산 획득을 위한 투쟁을 평화적으로 규제하는 공정한 감독 기구—국가—에 대해 생각하게 만들었다.[28] 홉스는 국가를 사회로부터 완전히 구분한 최초의 철학자로서, 그 목표가 애당초 최고선(the highest good)이 아니라, 오직 공동선(the common good)을 추구하는 것인 근대적이고 관료적인 권력의 등장을 예상했다. 그 점은 미국 건국의 아버지들도 마찬가지였다.[29]

미국 건국의 아버지들은 고대 그리스-로마적인 미덕의 개념에 집착했다. 파당과 투쟁은 인간 조건의 기초라는 점을 인식함으로써, 그들은 실질적인 전쟁의 장을 정당 정치와 시장의 장으로 대체했다.[30] 스파르타와 마찬가지로, 미국은 다양한 정부 기관들이 서로 다투는 '혼합정치 체제'이겠지만, 스파르타가 전쟁에 몰두한 반면 미국은—대서양과 태평양 덕분에—평화적 상업 활동에 전념하게 될 것이다.[31]

좋은 정부, 그리고 좋은 외교정책은 인간의 본원적인 공포로부터 나오는 인간의 열정이 어떤 것인지를 항상 주목해야 할 것이다. 홉스에 따르면, 이성과 도덕 둘 다 우리가 살아가면서 부딪히는 다양한 장애와 위험에 대한 논리적 반응이다. 그리하여 철학은 폭력의 해결에 관한 것이고, 외교정책에서 그것은 질서의 추구로 귀결된다.[32]

———

개발도상 지역의 많은 국가들의 제도는 취약하기 때문에, 21세기 국제정치의 가장 중요한 문제는 질서의 재확립일 것이다. 이런 홉스적 시나리오는 인구증가 압력 때문에 한층 더 악화될 것이다. 전반적으로 세계 인구는 고령화되고 있는 반면, 오래전부터 가난하고 폭력이 만연했던 국가들은 다음 세대 또는 그 다음 세대 동안 점점 더 많은 젊은이들을 산출하지만, 그들을 위한 고용기회는 충분하지 않을 것이다. 젊은이들의 증가는 특히 이스라엘의 서안 지구와 가자 지구, 케냐, 잠비아, 파키스탄, 이집트 등 여러 지역에서 볼 수 있을 것이다. 이것은 우리로 하여금, 인구증가의 부정적 결과에 대해 가장 연구를 많이 한 철학자 맬서스를 떠올리게 한다. 좋든 궂든 간에, 가까운 장래에 많은 국가들이 당면할 위기는 홉스적 위기와 맬서스적 위기일 것이다.

나는 수년 전 플로리다주 탐파 소재 미군 중부사령부 본부에서 해병대 장군 앤소니 지니 사령관을 만났다. 우리는 중부사령부 관할 하에 있는 중동에서 제기되고 있는 위협들에 대해, 감소하는 수자원과 인구증가에 대해, 그리고 그런 추세들이 여러 인근 국가들에 던져주는 도전들에 대해 이야기를 나누었다. 동석한 다른 장교들과 여러 학자들도 그런 추세들의 타당성에 대해 논박하지 않았다. 결국 최근 몇 세대 동안 분쟁이 발생한 많은 지역들, 예컨대 인도네시아, 아이티, 르완다, 가자지구, 알제리, 에티오피아, 시에라리온, 소말리아, 카슈미르, 솔로몬 군도 등에서는 인구증가율이 비정상적으로 높았고, 특히 젊은 인구들이 크게 증가했으며, 그리고 폭력사태가 발발하기 전에 자원부족 현상이 있었다.

이러한 통찰은 자명한 듯 보일지 모르지만, 사실 그것은 궁극적으로 맬서스의 『인구론』에 빚을 지고 있다. 1798년 출판된 맬서스의 책은 그 당시 뛰어난 사상가들, 특히 새로운 세기가 다가오면서 그리고 프랑스 혁명의 여파(나폴레옹 전쟁은 아직 지평선 위에 그 모습을 나타내기 전이었다)로 유럽을 휩쓴 변화와 자유의 분위기에 편승한 영국의 윌리엄 고드윈(1756-1836)과 프랑스의 콩도르세 후작(1743-1794)의 견해에 대한 반론이었다.

고드윈은, 인간은 이성을 통해 완전하게 될 수 있으며, 인간의 합리성은 인간이 앞으로 법과 제도의 도움 없이도 평화스럽게 살 수 있도록 할 것이라 믿었다. 국가와 관련해서 그는 자치적인 공동체를 제안했다. 콩도르세—프랑스 혁명의 발발을 열렬히 환영했으나 그 자신 역시 혁명의 희생자로서 감옥에서 죽었다—는 고드윈과 마찬가지로, 인

토머스 맬서스

간은 결국 국가들 사이의 불평등을 해소하고 또한 계층간의 격차도 해결하여 궁극적인 자아완성을 향해 무한히 진보할 수 있다고 믿었다.[33] 맬서스는 인간의 완전성은 자연법칙과 어긋난다고 반박했다. 이런 관점은 기원전 5세기 초 투키디데스, 16세기 마키아벨리, 17세기 홉스, 18세기 에드먼드 버크와 미국 건국의 아버지들, 그리고 20세기에 와서는 이사야 벌린과 레이몽 아롱 등에 의해서도 지지를 받고 있다. 맬서스는 비록 고드윈과 콩도르세가 비전을 제시한 이상적인 사회가 실제로 도래한다 해도 물질적 번영은 적어도 처음에는 사람들이 자신들보다 더 오래 살 자식들을 더 많이 낳게 함으로써 인구를 증가시키고, 결국 증가된 인구는 폐쇄적인 엘리트와 하층민으로 이뤄진 한층 더 복잡한 사회를 만들어낼 것이라고 주장했다. 이에 덧붙여 맬서스는, 증가된 여가는 좋은 것뿐만 아니라 나쁜 것도 산출해낼 것이라고 했다. 인간의 성취에 대해서도 그는 "부유한 국가의 고급 비단과 면직물, 레이스, 그리고 다른 여러 호화품들은 연간 생산물의 교환가치를 증가시키는 데 매우 크게 기여할지도 모르지만 사회 전체의 행복을 증가시키는 데 기여하는 바는 매우 적을 것이다"라고 말했다.[34]

1838년 다윈(1809-1882)은 맬서스의 『인구론』을 읽고 나서 "드디어 나는 깊이 연구할 이론을 발견했다"고 선언했다.[35] 다윈은 동물의 개체수가 증가하면서 벌이게 되는 자원쟁탈전이 어떻게 유리한 변이는 보존하고 불리한 변이는 파괴시키는지, 그 결과 새로운 종의 형성으로 이어지는지를 관찰했다. 1933년 케인스(1883-1946)는 맬서스의 『인구론』에 대해 다음과 같이 썼다.

> 이 책이야말로 영국 인문과학의 전통에 있어 … 진리에 대한 사랑과 가장 고귀한 명료함, 감정이나 형이상학으로부터 자유로운 냉정한 정신, 그리고 극도의 공정성과 공적 정신으로 대변되는 전통이다.[36]

하지만 맬서스의 특정 이론—식량공급은 산술급수적으로 증가하는 반면 인구는 기하급수적으로 증가한다는 이론—은 틀렸다. 산업 혁명의 기술들이 농업의 산출고를 막대하게 증가시킬 것이라고 정확하게 예측한 사람은 콩도르세였다. 그리하여 콩도르세는 맬서스 이론의 구축과정에 내재된 근본적인 결함을 들추어냈다. 즉, 인간생존에 필요한 식량과 에너지는 궁극적으로 수십억 년 후까지도 소멸되지 않을 태양에서부터 나오며, 우리가 태양 광선을 동력화하기 위해 고안할 수 있는 수단들은 사실상 무한하기 때문이다.[37]

지금도 여전히 사회 이론가들은 그들이 한 대답보다는 그들이 한 질문에 의해 평가받고 있는지도 모른다. 실제로는 콩도르세가 옳았지만, 맬서스는 한층 더 위대한 것을 이루었다. 그런 점에서 심지어 『국부론』을 쓴 애덤 스미스(1723-1790)보다 더 위대한데, 왜냐하면 맬서스는 생태계(ecosystem)라는 주제를 당대의 정치철학에 도입함으로써 결과적으로 정치철학을 엄청나게 발전시켰기 때문이다. 인간은 원숭이보다 더 고상할지는 모르지만, 인간 역시 생물체이다. 그러므로 우리의 정치학과 사회적 관계는 맬서스가 제시한 대로, 자연 조건과 인구밀도 모두에 영향을 받지 않을 수 없다.

맬서스는 1766년 부유하고도 진보적인 생각을 가진 부친 다니엘 맬서스의 여섯째 아들로 태어났으나, 입술이 토끼를 닮은 언청이였다. 그는 캠브리지 대학에서 수학, 역사, 철학을 공부했으나 발음상의 결함 등으로 교회에 봉직하기로 작정했고, 시골에서 다소 격리된 삶을 살았다. 아버지와 아들은 친밀했는데, 보수주의적 회의론자였던 아들은 루소의 유토피아적 이상론과 프랑스 혁명에 심취한 자유주의적 사상을 가진 아버지와 다정하게 많은 논쟁을 벌였다. 비록 보수주의적인 아들과는 의견이 일치하지 않았지만 아버지는 아들의 논리적 추론과정에 너무도 감동했기 때문에 아들이 자신의 생각을 발표하도록 설득시켰다.

부친의 권유로 발표한 맬서스의 글은 엄청난 파문을 불러일으켰다.

그 누가(특히 어린아이들) 방해를 놓아도 유념치 않을 정도로 가장 조용하고도 즐거운 삶을 사는 사람들 중의 한 사람이었던 맬서스는 그 당시 문학계의 엘리트들, 예를 들면 워즈워스(1770-1850), 콜리지(1772-1834), 셸리(1792-1822)로부터 모욕을 당했다.[38] 셸리는 맬서스를 "거세된 남자이자 폭군"으로, 그리고 "사회에서 부자를 몰아내고 빈곤을 척결하는 일을 기대하는 것은 가능하지 않다"라는 경험적 관찰에 기초한 맬서스의 사실적 진술 때문에 "부자들의 전도사"라고 불렀다.[39] 찰스 디킨스(1812-1870)가 『크리스마스 캐롤』에서 "가난한 사람들은 죽는 것이 차라리 나은 것인지도 몰라. 잉여인구를 감소시키니까"라고 말한 스크루지는 맬서스를 풍자한 인물이었다.[40] 엥겔스(1820-1895)는 맬서스의 『인구론』을 "인간과 자연에 대한 불쾌한 모독"이라고 폄하했다.[41]

과잉인구가 유발하는 빈곤에 관한 이론, 즉 맬서스의 산술기하급수 이론은 사회적 평화와 식량공급 사이의 관계에 관한 맬서스의 보다 큰 철학 체계의 한 구성요소에 지나지 않는다. 1864년 존 스튜어트 밀(1806-1873)은 맬서스를 옹호하며 다음과 같이 썼다.

> 모든 솔직한 독자들은 맬서스가 수학적 정밀성을 용납하지 않는 대상에 그것을 적용하려 했던, 불운한 시도를 결코 강조하지 않았다는 사실을 알고 있으며, 그리고 모든 이성적인 사람들은 맬서스의 산술기하급수 이론은 전적으로 그의 철학에서 그다지 중요한 부분이 아니라는 사실을 알 것이다.[42]

사실 맬서스는 『인구론』을 여섯 번이나 수정하면서, 자신의 산술적 주장으로부터는 후퇴한 반면 중심적인 명제는 계속 유지했다. 즉, 인구는 그 생존수단이 부과한 한계점까지 증가한다고 보았다. 그리고 식량공급의 증가는 인구의 증가로 이어졌기 때문에(최소한 맬서스가 자신의 이론을 언급할 당시인 공업화 이전의 사회에서는) 그의 추론은 합리적이었다.

식량이 희소한 곳에서는, 가격, 비효율적 분배, 정부 부패, 혹은 한발 등 그 어떤 이유 때문이든 종종 전쟁이나 질병이 뒤이었다. 1980년대의 에티오피아와 에리트리아(홍해에 임한 에티오피아 자치령—옮긴이)에서 나는 부분적으로는 기후 조건에 의해 그리고 인구증가에 따른 토지의 과잉개발에 의해 야기된 한발이 어떻게 민족 갈등을 격화시키고, 살인적인 에티오피아 정권에 의해 악용되는지를 직접 목격했다. 사람들은 "지금 인구가 너무 많으니, 앞으로 우리는 비합리적으로 행동할 거야"라고 쓴 푯말을 들고 다니지는 않는다. 폭증하는 인구 그 자체가 혼란을 야기하지는 않는다. 인구가 폭증하면, 예컨대 르완다와 인도네시아 군도에서 본 것처럼 기존의 민족적, 정치적 긴장이 확대된다.

맬서스는 세상에는 "사악함과 비참함"이 항상 존재할 것이고, "도덕적 악은 도덕적 탁월함을 산출하는 데 절대로 필요하다." 왜냐하면 도덕성은 양심적으로 도덕적 악이 아닌 도덕적 선을 선택하기를 요구하기 때문이다. 그는 계속하여 말한다. "이런 생각에 의하면, 도덕적 악을 경험하고, 그것에 대한 반감을 느끼고 증오하는 존재는 오직 도덕적 선만을 경험한 존재와는 본질적으로 다르다."[43] 악이 없다면 미덕이 있을 수 없다. 즉, 적절한 시점에 강력하게 악과 맞서는 의지는 위대한 정치인의 특징이다.

우리는 비록 지금에 와서는 이런 생각을 당연한 것으로 받아들이지만, 맬서스는 계몽시대의 어느 철학자들보다 분노를 사고 있다. 인문주의자들은 맬서스가 암시하는 결정론 때문에 그를 거부한다. 즉, 맬서스는 인간을 자유의지를 가진 개개의 존재로서가 아니라 하나의 종으로 취급한다는 것이다. 그리고 최신 고전파 경제학자인 줄리앙 시몽 (1932-1998)과 같이, 인간의 창의성이 인간이 필요로 하는 모든 자원 문제를 해결하게 될 것이라고 믿는 사람들도 맬서스를 거부한다. 정치적 대혼란을 미리 방지하기에는 그런 창의성이 종종 너무 늦게 발휘된다는 사실을 고려하지 않고 말이다. 1640년 영국 내전, 1789년 프랑스 혁명, 1848년 유럽 혁명, 중국과 오스만 제국의 수많은 반란들은 모두 높은 인구증가율과 식량부족을 배경으로 발생했다.[44]

맬서스—박토, 기근, 질병, 그리고 가난한 사람들의 삶의 질이 정치에 미치는 영향에 초점을 맞춘 최초의 철학자—는 21세기 전반기의 가장 중요한 논쟁거리를 제시했다는 점에서 자극제 역할을 한 셈이다. 세계 인구는 안정적인 상태에 도달하기 전에 전례없이 지구 환경을 시험하면서 지금의 60억 명에서 100억 명으로 증가할 것이므로—10억 명이 굶주린 채 잠들 것이고, 빈곤 지역에서는 폭력(정치적, 범죄적 폭력 둘 다)이 만성화될 것이다—맬서스적이라는 단어는 앞으로 수년간 점점 더 자주 듣게 될 것이다.[45]

이런 상황은 지구 온난화 문제로 더욱 악화된다. 유엔의 과학팀에 따르면, 지구 온난화는 지구의 많은 지역에서 생계형 농업을 방해하는 대규모의 홍수, 질병, 그리고 한발을 초래할 것으로 보인다. 물리적 세계의 현상으로서 지구 온난화는 생태계가 정치에 직접적인 영향을 미

친다는 맬서스주의의 또 다른 예이다.[46]

설사 지구 온난화 문제는 제쳐둔다 하더라도, 정책결정자들은 역사상 처음으로 홍수 및 지진 빈발 지역에 거주하는, 규모가 크고 정치적인 폭발력을 가진 도시인구라는 위험에 직면하게 될 것이다. 그러한 지역의 예를 들면, 인도 아대륙, 나일 삼각주, 지질적으로 불안정한 카프카스, 터키, 그리고 이란이나 중국 등인데, 이들 지역에서는 산업 생산의 70퍼센트를 담당하고 있는, 인구의 3분의 2가 주요 하천의 홍수 수위보다 낮은 곳에서 살고 있다.[47] 그리고 과학의 발달에 따라 기후와 다른 여러 자연적 사태를 예측할 수 있게 되면서, 정책결정자들은 그런 생태적, 정치적으로 취약한 지역의 미래가 어떻게 될지 알고 싶어할 것이다. 그것은 외교정책에 또 다른 맬서스적 요소를 부가할 것이다.

만약 맬서스가 틀렸다면, 그가 왜 틀렸는지를 10년마다 그리고 세기마다 거듭 되풀이해서 증명할 필요가 있을까? 근본적으로 볼 때 그것은, 어쩌면 맬서스가 정말 옳을지도 모른다는 공포가 존재하기 때문일 것이다. 1969년 아폴로호 우주비행사들이 처음으로 본, 우주공간에 떠 있는 연약하고도 푸르스름한 보석의 모습—지구 온난화, 오염, 오존 파괴, 자원 고갈, 교외지역의 확대 그리고 인구 증가의 공포가 그 뒤를 따랐다—은 인간의 생태계가 존속하고 번영하려면 성장의 한계가 준수되어야 한다는 인식을 가져왔다. 맬서스가 처음으로 인식한 바로 그 한계 말이다.

THE HOLOCAUST, REALISM AND KANT

정책결정자들과 언론들이 주장하는 새로운 인권의 시대는 아주 새롭지도, 아주 현실적
이지도 않다. 세상은 잔혹성으로 가득 차 있기 때문에 홀로코스트—상징적 잔학행위—
의 도덕적 교훈은 만족할 만큼 적용하기 어렵다. 칸트는 보편적 법의 체계를 정의하는

홀로코스트, 현실주의 그리고 칸트

데 평생을 바쳤다. 칸트의 주제는 순수한 이성, 즉 추상적인 정의(Justice)의 도덕성으로, 결과의 도덕성이 아니라 의도의 도덕성이었다. 현실주의의 과제는 복잡하고도 전례가 없는 상황 속에서 장기적인 칸트적 목표와 가차 없는 전술을 결합하는 일이다.

최근 수십 년 동안의 전례 없는 번영은 전례 없는 이타주의와 이상주의로 이어졌다. 이것은 홉스와 맬서스 같은 철학자들이 제기한 어려운 진실에 대한 우리의 대응을 복잡하게 만들었다. 하지만 이러한 이타주의와 이상주의 뒤에는 유대인 대학살(Holocaust)의 망령이 있다. 외교정책이란 결국 한 국가의 국내적 성향과 조건이 연장된 것이므로, 그에 대해 언급할 필요가 있다.

21세기로 들어선 지금, 유대인 대학살은 유대인들의 기억 이상의 것이 되었다. 그것은 미국의 공립학교에서도 정식으로 가르치고 있으며, 미국 국회의사당의 원형 홀에서 해마다 기념식이 열리고 있다. 미 연방정부는 워싱턴의 제퍼슨 기념관 근처에 있는 유대인 대학살 기념박물관의 유지비 대부분을 부담하고 있다. 피터 노빅은 『유대인 대학살과 미국인 생활』에서 그 사건을 '상징적 잔학행위'로 명명하면서 "우리들이 어떤 공포에 주목해야 하는지 결정하는 데 가장 적합한 기준"이라고 말한다.

유대인 대학살은 그것에 내재된 공포뿐만 아니라 제2차 세계대전 이후 미국인들의 삶의 특정한 조건 때문에 큰 중요성을 갖게 되었다. 1950년대에 유대인들이 미국사회에 급속도로 동화되면서 미국의 유대인 조직들은 유대인 대학살 사건을 거의 입에 올리지 않았다. 그들은 냉전시대에 유대인 줄리어스 로젠버그 부부가 원자폭탄 개발에 관한 자료를 소련에 넘겨준 혐의로 조사받을 때도 애국주의적인 미국 주류 사회의 일부로 보이는 쪽을 선택했으며, 반유대인 정서는 여전히 만연해 있었다. 1950년대에 자란 유대인 영화감독 스티븐 스필버그는 단결과 융화를 높이 평가하는 당시의 대중문화로 인해 유대인 대학살에 대해서 아는 게 거의 없었다. 스필버그는 자신이 영화 〈쉰들러 리스트〉를 만든 것은 1970년대에 들어와서야 나타난 "유대인에 대한 자신의 점증하는 인식의 결과물"이라고 말했다.2

유대인 대학살이 가슴 아픈 가족들의 기념집회에서 신앙적인 행사로 커진 것은 1960년대였다. 윌리엄 L. 샤이러의 1960년도 베스트셀러인 『제3제국의 흥망』과 1961년 아돌프 아이히만(제2차 세계대전 때 나치의 유대인 집단학살 정책 가담자로 이스라엘에서 열린 재판에서 교수형을 선고받았다.—옮긴이)의 재판은 이러한 과정에 1960년대 그 자체보다 별로 큰 역할을 못했는지도 모른다. 유대인 대학살을 연구하는 하이레네 프란츠바움(Hilene Flanzbaum)에 따르면, 1960년대는 사회적 격변의 시기로서 1970년대에 이르기까지 "다양성을 추구하고 … 민족성(ethnicity)을 발전시키고 자신들의 유산을 탐구했던 시대였다."3 곧 유대인 대학살은 이미 미국의 세속적인 주류 사회의 일부가 된 유대인 세대의 정체성을 규정하는 일화가 되었다. 이제는 그리스 정교와 이디시(yiddish, 중부 및 동부 유럽 출신의 유대인들—옮긴이) 문화가 대부분 사라졌기에 그들은 자신의 민족적 선조들과 일체감을 갖기 위한 새로운 상징을 필요로 했다.

유대인 대학살은 1960년대의 여파로 확산된 희생자 숭배의식에 영향을 받았고 또 미쳤는데, 예를 들면 여자, 흑인, 미국 원주민, 아르메니아인, 그리고 다른 여러 소수민족들이 과거의 억압에 대한 대중적 인식을 통해 자신들의 정체성을 공고히 한 것이다. 그 과정은 베트남 전쟁과도 연결되었는데, 베트남 전쟁의 민간인 희생자들을 찍은 사진들—예컨대, 네이팜탄을 피해 달아나는 소녀의 모습—이 "영웅주의의

전통적인 이미지들을 대체했다."⁴

냉전에서 서구가 승리한 뒤에 공산주의의 실패가 스탈린과 마오쩌둥에 의해 저질러진 대량 학살에 대한 관심을 증가시키자, 유대인 대학살은 계속적으로 의미를 확장해갔다. 그 후 보스니아와 르완다에서 잔학행위가 발생했는데, 등골이 오싹하게도 그 방법이 유대인 대학살 때와 매우 닮았으며, 특히 정부의 학살기구가 그랬다. 유대인 대학살에 대한 공감은 우리가 그 장소들에서 희생된 사람들을 그저 수많은 백인 또는 흑인들의 시체가 아니라 각자의 삶의 이야기를 가진 개인으로 보도록 해주었다. 나치가 인권에 가한 상상할 수 없는 공격은 인권에 대한 미증유의 관심을 불러일으켰다.

그러나 많은 미국인들, 특히 젊은이들이 자신의 가족이나 민족에 한정된 것이 아니라 모든 인류로까지 확대된 높은 수준의 이타주의에 빠질 수 있었던 것은 제2차 세계대전 후 수십 년 동안 지속된 전례 없는 물리적 및 물질적 안전이 큰 몫을 했다.⁵ 늘 일상생활의 한 부분으로 간주되었던 빈곤, 불경기, 전쟁, 침략, 그리고 테러를 직접적으로 경험해보지 않은 세대가 등장한 것은 아마도 이때가 역사상 처음이었을 것이다. 냉전이란 문자 그대로 차가운 것이었기 때문에 추상적일 수밖에 없었다. 그 반면 베트남 전쟁은 부유하지 않은 계층의 사람들이 치렀다. 1960년대 청년들의 저항운동이 보여주었듯이, 교외 주택 지구의 안락한 삶은 순응과 고상한 이상주의를 낳았다. 이는 국제정치에 수반되는 내키지 않는 도덕적 타협을 하면서 그것에 빠져들기보다는 차라리 초월하려는 바람이었다.

특히 냉전 말기에 많은 사람들은 민주주의, 자유시장 자본주의, 그리고 개인 권리에 대한 새로운 존중이 권력정치와 국가 및 집단들의 이기심을 대체함으로써 우리가 드디어 인간의 본질적 조건을 극복할 수 있을 것이라고 믿었다.[6] 베를린 장벽의 붕괴는 모든 인간은 동일한 진보적인 지평선을 향해 나아가고 있다는 희망을 갖게 했다. 그러나 이사야 벌린과 레이몽 아롱—투키디데스, 마키아벨리, 홉스, 그리고 미국 건국의 아버지들의 견해에 동조하면서—은 그런 생각을 비현실적이라고 보았다. 왜냐하면 그와 같은 이상은 역사 바깥에 있으며, 역사는 인간의 분열과 갈등으로부터 결코 자유롭지 못하기 때문이다.[7]

실제로 공화당 우파의 '가치'에 대한 관심이나 자유주의자들의 '인도주의적 개입'에 대한 관심은 공산주의의 패배에 따른 보다 높은 도덕성의 표시라기보다는 국내적 평화와 번영이 가져다준 사치의 표시일지도 모른다. 소설가 마르그리트 유르스나르(1903-1987)는 하드리아누스(76-138) 황제에 대한 소설에서, 기원후 2세기경 로마의 여성들의 자유가 컸던 것은 로마라는 도시의 성격이라기보다는 그 시절이 풍요로웠기 때문이라고 추측했다.[8] 비록 미국에서의 부의 확대가 보다 큰 이타주의를 가능케 할지도 모르지만, 저개발 지역의 인구증가 및 도시화와 결합된 빈곤과 불안정은 더 많은 잔학성을 유발할 것이다. 왜냐하면 그러한 이타주의의 대상은 국가나 준국가 집단 차원에 국한될 것이기 때문이다.

우리는 정책결정자들과 언론들이 선언한 새로운 인권 시대는 아주 새롭지도, 아주 현실적이지도 않다는 사실을 기억할 필요가 있다. 키케로 이래, 정치가들은 어떤 독재자도 무효화할 수 없는 '인간 공동체'를 위한 도덕적 원칙들을 선포해왔다.[9] 1880년, 영국의 총리 윌리엄 글래드스턴은 벤저민 디즈레일리(1804-1881)의 계산된 책략에 반발하며, 향후에는 기독교적 품위와 인권이 외교정책의 기본이 될 것이라고 단언했다. 글래드스턴은 심지어 "아프가니스탄의 산골마을"에 사는 "인간의 거룩함"까지 보호해줄 "국가들의 새로운 법률"에 관해 언급했다.[10] 물론 그것은 실현되지 않았다. 제1차 세계대전 후, 우드로 윌슨 대통령(1856-1924)은 (글래드스턴의 그것과 매우 닮은 어조로) 또 다른 인권의 시대가 도래했음을 선포했지만 그 또한 실현되지 않았다. 1928년 일본, 독일, 영국, 미국을 포함한 62개 국가들이 모여 전쟁을 불법화하는 캘로그브리앙 협정을 체결하고는 여론에 의지해 그것을 시행하고자 했다. 그 당시 미국의 국무장관 헨리 L. 스팀슨(1867-1950)은 "이 조약을 비웃는 비판자들은 대전쟁 이후 세계 여론이 진화했음을 정확하게 평가하지 않은 사람들이다"라고 말했다.[11] 하지만 헨리 키신저가 우리에게 상기시킨 것과 같이, 원칙은 대체로 자기실현적이지 않으므로 그 후 제2차 세계대전이 발발했다.[12]

얄타 회담(1945년 2월 4일부터 11일까지 소련 크림반도의 얄타에서 열린 3국 수뇌 회담으로, 미국의 루스벨트, 영국의 처칠, 소련의 스탈린이 참석했다.—옮긴이) 직후, 루스벨트 대통령은 "수세기 동안 시도되었고 매번 실패했던 일방주의적인 행동, 배타적인 동맹, 세력권, 힘의 균형, 그리고 다른 모든 책략들은 종말을 맞을 것이다 …."[13]라고 선언했다. 그런 후 그는 '세계적 조직', 즉 유엔의 창설을 제안했다.[14] 그로부터 몇 주 후인 1945년 초에 스탈린은 중부 및 동부 유럽을 장악해 40년 이상 그 지역 국가들을 속국으로 묶어둘 자신의 세력권을 구축했다. 그 위험을 직감한 처칠은 미국으로 하여금 붉은군대가 진격하기 전에 먼저 베를린과 프라하를 장악하도록 설득했으나 실패하고 말았다.

오늘날 또다시, 글래드스턴, 윌슨, 스팀슨, 그리고 루스벨트의 정신에 따라 새로운 인권의 시대가 선언되었다. 세계화가 그 모든 장점에도 불구하고, 열악한 도시화, 경제적 불평등, 그리고 민족 의식 고조의 한 요인이 되고 있고, 그로 인해 정치적 극단주의가 격화되고 인권 묵살이 초래되기도 한다는 사실이 입증된 순간에 말이다.

가치는 그것이 원칙상 아무리 보편적이라 해도 그것을 강요할 힘과 이해관계가 필요한 것이다. 1990년대에 바티칸, 그리스 정교 대주교, 그리고 유엔은 발칸의 전쟁 범죄에 대해 명확한 비난 성명 대신에 유화적 언사로 대응했다. 독일의 주요 정당들이 나치의 범죄에 대해 대응했던 것과 똑같이 말이다. 인간과 인간의 조직들이 자신들의 이익에 앞서 타인의 이익을 생각하기를 기대하는 것은, 그들에게 자기 보존을 위한 본능을 포기하도록 요구하는 것에 다름 아니다.

심지어 구호단체들과 다른 여러 비정부단체들에게도 자기 이익이 먼저다. 그들은 자신들의 활동이 적은 지역보다는 많은 지역에 정부가 개입해주도록 압력을 가한다. 언론이 보스니아에는 그렇게도 관심을 보인 반면, 아브하즈, 남부 오세티야, 그리고 나고르노카라바흐에 대해서는 비교적 관심을 적게 기울이는 이유 중의 하나는 그런 구호단체들—때로는 이런 단체들이 언론의 최고 정보원이다—이 카프카스보다는 발칸에서 활동을 더 많이 하기 때문이다. 세상은 잔혹함으로 가득 차 있고, 심지어 우리 자신의 선한 의도가 때로는 보기보다는 선하지 않기에, 유대인 대학살—상징적 잔학행위—의 도덕적 교훈은 많은 곳에서 우리가 만족할 만큼 적용하기가 어려울 것이다.

———

미국이 번영을 유지하도록 도와준 것은 지리적 조건이며, 그것이 궁극적으로 미국의 보편적 이타주의의 원인일지도 모른다. 존 애덤스의 말처럼, "미국인들에게 주어진 특별한 하느님의 섭리란 없으며, 미국인의 본성은 다른 나라 사람들의 그것과 마찬가지다."[15] 역사가 존 키건은 영국과 미국이 자유의 기수가 될 수 있었던 것은 바다가 "육지 기반의 자유의 적들로부터" 그들을 보호했기 때문이라고 설명한다.

미국인들이 언제나 우월감을 느끼고 있는 유럽 대륙의 군사주의와 실용주의는 지리적 조건의 결과이지 유럽인들의 성격 탓이 아니다. 경쟁적인 국가들과 제국들이 하나의 조그만 대륙에서 서로 맞붙어 있기 때문이다. 유럽의 국가들은 군사적으로 불리한 경우 바다를 건너 철수할 수가 없다. 그리하여 그들의 외교정책은 보편적 도덕성에 기초할 수 없었으며, 제2차 세계대전 후 패권국 미국에 의해 지배될 때까지 서로에 대해 무장한 채 버티고 있었다. 알렉산더 해밀턴은 만약 영국이 섬이 아니었다면, 영국의 군사제도는 유럽 대륙의 그것과 마찬가지로 위압적이었을 것이고, 영국은 "아마도 단 한 사람의 절대권력의 희생물이 될 수밖에 없었을 것이다"라고 지적했다.[16]

광대한 대양들은 미국인들이 보편적 원리를 추구할 수 있도록 보호막을 제공했다. 하지만 점점 더 좁아지는 세계에서, 중동과 사하라 사막 이남 아프리카까지는 군사적 기준으로 보면 옛 프로이센에서 오스만 터키까지나 마찬가지이므로 오판의 여지는 계속 감소할 것이다. 따라서 변형된 유럽식 실용주의가 미국의 여론과 정책결정자들의 마음에 침투할지도 모른다.

월슨 대통령이 구상한 도덕성은 오직 미국인들이 자신들은 침략당하지 않는다고 생각할 때만 매력적이다. 1993년 소말리아에서 몇 명의 사상자들이 발생하자 미국 시민들이 인도주의적 사명을 수행하는 군인들을 철수시키자고 주장한 것, 그리고 미국 시민들이 1999년 코소보에서의 공습을 지지하지 않은 것은 그런 추세를 알리는 조짐일 수 있다. 만약 미국이 세상을 바꿀 수 없다면, 제1차 세계대전 후에 그랬듯이 미국은 항상 그곳에서 철수할 수 있으므로, 고립주의는 늘 미국의 이상주의와는 불가분의 관계에 있다. 하지만 기술이 대양의 거리를 극복하면서, 고립주의와 이상주의라는 한 쌍은 적극적 개입과 현실주의로 대체되고 있다. 그런 점에서 신중함이 그전보다 훨씬 더 미국인들의 열정을 억제하게 될 것이다.

———

현실주의를 규정하는 특징은, 국제관계는 국내정치와는 다른 도덕적 원칙들이 적용된다는 것이다. 그것은 투키디데스, 마키아벨리, 홉스, 처칠 등이 쓴 저술들에서 정당성을 인정받은 개념이다. 이런 구분의 필요성은 현대 자본주의가 탄생하면서부터 강조되었다. 그것이 바로 리슐리외(1585-1642, 프랑스의 총리, 추기경—옮긴이)로 하여금 '국가의 이유(raison d' etat)'를 창안하도록 자극했다. 결국 현대 자본주의란 '경제의 이유'가 아니라면 무엇인가?[17] 17세기 초에 등장한 관료화된 프랑스 국가의 복잡한 경제 활동을 관리하기 위해 요구된 합리성은 점진적으로 봉건적 귀족들의 개인적 자의성을 대체함으로써, 리슐리외가 외교정책에서도 그와 비슷한 실용주의를 적용할 수 있는 환경을 만들었다. 조지 케넌(1904-2005, 트루먼 대통령 시절 대소련 봉쇄정책을 제안한 정치학자 겸 외교관—옮긴이)은 사적 도덕성은 국가의 행위를 판단하거나 혹은 한 나라를 다른 나라와 비교하기 위한 기준이 아니라고 주장했다. "여기에는 더 진지하고, 더 제한적이며, 더 실제적인 다른 기준이 적용되어야 한다."[18] 역사가 아서 슐레징거는 외교 문제에 있어 도덕성은 "도덕적 절대성을 외치는 것"에 있는 것이 아니라 "자국의 명예와 품위에 충실하는 것"에 있으며, "다른 국가들도 합법적인 전통, 이해관계, 그리고 그들 자신의 가치와 권리를 갖고 있다고 가정하는 것"에 있다고 충고한다.[19]

보스니아와 르완다에서의 인종청소는 미국의 "명예와 품위"를 손상시켰다. 하지만 보스니아에서의 미국의 뒤늦은 개입과 르완다에서의 개입 실패는 사적 도덕성을 외교정책에 적용하는 것의 어려움을 보여준다. 그런 경우 개입이 지지 받든 혹은 받지 못하든 간에, 그리고 심지어 더 적은 비용, 더 낮은 위험으로, 특히 르완다에서 더 많은 것을 해결할 수 있었다 하더라도, 미국의 정책결정자들이 미국이 발칸과 아프리카 중동부에서, 과거 베트남에서처럼 수렁에 빠지게 되는 상황을 우려한 것은 합당했다. 1993년 10월 르완다 위기 발생 전 소말리아에서 베트남 전쟁 이후 최악의 총격전으로 미군 18명이 전사했고 수십 명이 다쳤다. 만약 그 비슷한 일이 르완다에서 발생했다면 무장개입에 대한 미국 시민들의 지지는 증발했을지도 모르고, 그렇게 되었다면 1995년 보스니아와 1999년 코소보에 대한 뒤늦은 개입마저 어렵게 만들고, 다른 지역에도 부정적인 영향을 미쳤을 것이다.

완벽한 결과가 불가능하다는 점은 미국의 역사학자 바바라 툭먼 (1912-1989)이 1930년대 초 일본에 대한 서구의 유화정책 분석을 통해 제시한 바 있다.

> 정치가들은 예언자가 아니며, 그들의 행동은 언덕 너머 무엇이 있는지 알지 못하는 상태에서 일시적인 맥락에서 취해진다. 위기에서 벗어나려는 노력은 사태 전반을 볼 수 있는 역사의 이점이 없는 상태에서 단계적으로 이루어진다. … 만주 위기(The Manchurian crisis)의 어느 단계가 어떤 다른 식으로 전개될 수 있었을지 의문스럽다. 왜냐하면 그 진행 과정 중에 있을 법한 다른 대안은 없었고, 사소한 차이로 이루어지지 못한 일도 없었다. 어떤 시기는 위대함을 낳고, 다른 시기는 무기력함을 낳는다. 만주 위기는 비극적인 '가정들'에서 잉태된 것이 아니라 인간과 국가의 고유한 한계에서 잉태된 역사의 인과적 사건들 가운데 하나이다. (일본은 1931년 만철폭파사건을 조작해 이를 중국 측 소행으로 몰아 군사 행동을 개시했다. 당시는 세계공황으로 인해 열강들이 이 사태에 간섭하기 어려웠다. 일본은 1932년 만주국을 세웠다. 국제연맹은 일본군의 철수를 권고했으나 오히려 일본은 1933년 국제연맹을 탈퇴했다.―옮긴이)[20]

중국 문제 역시 미국의 대외 원칙과 국내 원칙들이 충돌한 경우이다. 중국 정부가 권위주의 체제는 그대로 두고 경제 체제를 개혁하려 했을 때, 조지 부시 정권과 제2기의 클린턴 정권은 미국의 도덕적 가치를 중국에 강요하려 하지 않았다. 오히려 무역증가를 통해 그것을 간접적으로 추진했는데, 결과적으로 미국의 경제도 부양했을 뿐만 아니라 미중 관계를 안정시키는 데 도움이 되었다. 아시아의 강대국에 대한 미국의 정책에서 인권에 대한 강조를 제한한 것(제거한 것은 절대로 아니다)은, 비록 그것이 유대 기독교적 도덕은 아니지만, 도덕적인 케넌의 현실주의가 구현된 좋은 사례이다.

21세기의 현실주의는 부정의(Unjust)를 처벌하기 위한 힘의 사용을 독점하고 있는 세계적 리바이어던이 없는 홉스적 세계에 적합하다. 비록 세계 최강이지만, 미국은 오직 경우에 따라서만 부정의를 처벌할 수 있을 뿐이다. 그렇지 않으면 중국과 같은 지역적 패권국들을 다루기 위해 영구적으로 과잉 개입하게 될 것이고, 또한 소규모 전투에 영구적으로 말려들 것이고, 그 결과 힘은 꾸준히 줄어들 것이다. 북대서양조약기구와 다른 여러 기구들도 마찬가지다. 헤이그에 있는 국제사법재판소는 이런 홉스적 딜레마를 해결하기 위한 과감한 시도이다. 하지만 재판소(다른 초국가적 기구들과 함께)는 다만 국제적 리바이어던을 창설하기 위한 일련의 과정의 시작에 불과하다. 세계는 여전히 서로 다른 가치와 서로 다른 수준의 이타주의를 대변하는 다양한 세력들이 종종 폭력적으로, 경쟁하는 곳이다.

고대 사회이든 냉전 이후 사회이든 외교 문제에서 핵심적인 질문은 여전하다. "누가 누구에게 무엇을 할 수 있는가?"[21] '힘의 균형'이라는 문구는 국제관계의 이론이라기보다는 그것에 대한 설명이다.

시어도어 루스벨트(1858-1919)는 국가 이익과 힘의 균형을 동일시했다. 한층 더 상호연결된 세계에서 유럽 세력의 진입에 맞서고 북남미 대륙에서 미국의 세력을 강화하기 위해 그는 1903년 파나마 운하지대를 장악했고, 1905년 도미니카 공화국을 경제보호령으로 지정했고, 1906년 쿠바를 점령했다. 히틀러가 유럽에서 힘의 균형을 깨트리자, 격렬한 반공주의자인 처칠은 불균형을 바로잡기 위해 스탈린과의 동맹을 추진했다.

또 다른 격렬한 반공주의자인 닉슨(1913-1994)은 세계적인 힘의 균형을 미국에 유리하도록 바꾸기 위해 소련에 맞서 중국과의 동맹을 추진하면서, 30년 전 처칠의 예를 그대로 따랐다.[22] 보스니아의 인종청소를 막은 1995년 데이턴 평화조약은 미국이 옛 유고슬라비아 지역에서 세르비아에 맞서는 크로아티아의 군대를 무장시켜 먼저 힘의 균형을 회복하지 않았더라면 불가능했을 것이다. 기원전 3세기 중국의 전략서인 『전국책』에 유사한 내용이 있다.

> 군주께서 패업을 이루고자 한다면 … 제국의 중심에 있는 위나라와 한나라를 활용해 초나라와 조나라를 위협해야 합니다. 조나라가 강할 때는 초나라가 당신에게 붙을 것이고, 초나라가 강할 때는 조나라가 당신에게 붙을 것입니다. 만약 두 나라 모두 당신에게 붙을 때는 제나라가 두려움에 떨게 될 것입니다 … .[23]

세계의 국가들을 지배할 리바이어던이 존재하지 않는 한, 권력 투쟁이 계속해서 국제정치를 정의하게 될 것이고, 세계시민사회는 먼 곳의 일이 되고 말 것이다. 민주주의와 세계화는 기껏해야 부분적 해결책에 지나지 않는다. 역사적으로 볼 때, 민주주의는 다른 체제와 마찬가지로 전쟁에 휩쓸리는 경향이 있었다.[24] 옥스퍼드 대학의 고전학자 모리스 보우라 경(1898-1971)은 다음과 같이 기술한다.

아테네는, 민주주의 체제는 호전적이지 않다거나 혹은 제국의
야심을 품지 않는다는 낙관적 환상에 대해 귀중한 반박을 제공
한다.[25]

20세기 초의 점증하는 경제적 상호의존성이 제1차 세계대전을 막지
못했으며, 그 반면 미국과 소련은 비록 교역은 거의 없었음에도 평화
를 유지했다.[26] 경제적 상호의존성 그 자체가 갈등을 초래하며, 게다
가 제도가 취약하고 민족 갈등이 있는 지역에서 새롭게 민주주의를 도
입하는 경우 종종 불안을 야기하기도 한다. 여기서 다시 알렉산더 해
밀턴이 행한 미국 독립혁명에 대한 가장 예리한 분석을 소개한다.

이전에 영토 혹은 지배에 대한 탐욕 때문에 발생했던 것만큼이
나 많은 전쟁들이 국가들의 지배적인 시스템이 된 상업적 동기
들 때문에 발생하고 있지 않은가? 많은 경우에 상거래의 정신이
이런저런 모든 욕망에 대한 새로운 동기를 제공하고 있지 않는
가? 이런 의문들에 대해 답을 얻으려면 가장 오류가 적은 지침
인 경험에 의지해야 한다.[27]

결과적으로, 현실주의자들은 인권이란 이론상으로는 민주주의와 경
제적 통합에 의해 증진되는 것이지만, 실제로는 부정의에 대한 더 예
측 가능한 처벌을 가능하게 하는 식으로 권력 관계를 변화시킴으로써
증진된다고 믿는다. 물론 그 과정에는 민주화와 자유 교역이 포함되지
만 항상 그런 것은 아니다. 왜냐하면 인간사에서, 도덕적 문제는 종종
권력의 문제와 연결되기 때문이다.

1990년대 세르비아를 예로 들어보자. 세르비아가 보스니아와 코소보에서 민간인들에 가한 잔학행위는 어떤 측면에서, 러시아가 체첸에, 아르메니아가 나고르노 카라바흐에, 인도네시아가 동티모르에, 인도군대가 잠무카슈미르에, 시에라리온의 혁명연합전선이 그 시민들에, 아브하즈가 조지아에, 그리고 콩고의 반란군이 그 시민들에 가한 잔학행위에 맞먹는 것이었다. 하지만 러시아, 아르메니아, 그리고 인도가 잔학행위를 할 당시 그런 나라들 모두 민주주의 체제였다. 그리고 보스니아와 코소보에 서구가 개입해야 한다는 주장은 주로 도덕적인 것이었지만, 실제로 그런 도덕적 주장을 뒷받침한 것은 권력의 문제였다. 콩고, 잠무카슈미르, 혹은 아프리카와 아시아의 몇몇 지역들과는 달리 옛 유고슬라비아 지역은 유럽의 안전과 나토의 미래에 전략적으로 중대한 의미가 있었다. 게다가 옛 유고슬라비아 지역은 다른 분쟁 지역과는 달리 군사적 압력이 통할 가능성이 매우 높았다. 러시아 군대가 체첸 민간인들에 가한 대규모 잔학행위에 대한 보고서가 제출되었을 때, 코소보에 대한 도덕적 개입을 그렇게도 적극적으로 주장했던 클린턴 정부의 관료들은 갑자기 벙어리가 되었다. 반격받지 않고 폭격을 가할 수 있는 세르비아와는 달리, 러시아는 핵무기를 갖고 있는 강대국이기 때문이었다.

파키스탄에서 군사정부가 1999년 10월 민주정부를 제거했음에도, 내부적 힘의 균형이 어떻게 인권상황을 개선했는지 나는 직접 목격했다. 부족 간 폭력사태로 수천 명의 사상자를 낸 인구 1천 4백만의 도시 카라치(Karachi)는 군대가 민주적으로 선출된 민간인 정부보다 리바이어던 역할을 훨씬 더 성공적으로 수행할 수 있었기 때문에 한층 더 평화롭게 되었다. 또한 군사정부는 민주적으로 선출된 수상들이 이슬람 근본주의 성직자들의 눈치를 보느라 어찌하지 못했던, '신성모독법'과 '명예 살인' 같은 혐오스런 부족적 관행에 대한 반대 의사를 분명히 밝힐 수 있었다. 군사정부는 적어도 처음에는 그전의 민간정부 수상들이 했던 만큼 기자들을 협박하지도 않았다. 그리고 군사정부는 부족 지도자들에 대해 민간 정치인들보다 더 큰 영향력을 발휘했기 때문에 지역의 민주주의를 추진할 수 있었다.

궁극적으로 파키스탄 군대는 시민사회의 토대를 구축하는 데는 실패했지만, 쿠데타 지도자 페르베즈 무사라프 장군이 그전의 민간 전임자들보다 더 큰 권력과 '미덕'을 모두 갖추었기 때문에, 그러한 시도를 할 수 있는 보다 나은 위치에 있었다. 터키의 개혁적 건국자 무스타파 케말 아타튀르크의 열렬한 신봉자인 무사라프 장군은 비록 선출되지는 않았지만 수십 년 동안 가장 자유주의적인 통치자였다.

국제 관계가 결국 힘의 문제이긴 하지만, 이런 인식은 슐레징거가 "명예와 품위"라고 부르는 것을 증진시키는 데 사용되지 않는다면 위험할 수 있다. 그 개념은 궁극적으로 그리스-로마적 미덕과 유대-기독교적 미덕의 결합을 의미하는 것이다. 자크 바르쵱도 같은 주장을 했다. "오늘날 역사 교과서에서 '유대-기독교 전통'만을 계속 강조하는 것은 옳지 않은 것으로 보인다. 그리스-로마의 전통도 포함되어야만 한다."[28]

이 책 전반을 통해 나는 그리스-로마적 가치와 유대-기독교적 가치 사이의 차이를 강조해왔지만, 둘 사이에 상당히 중첩되는 부분도 있다. 이는 단지 키케로와 플루타르코스의 도덕철학 때문만은 아니다.

기독교 사상의 일부는 외교정책의 현실주의에 상당히 부합한다. 리슐리외와 비스마르크는 각각 가톨릭과 루터교의 경건주의(pietism)와 상당히 관련이 있다. 경건주의는 개인적인 신앙심을 종교 신학 및 이성주의에 대한 건전한 의심과 결합시킨다.[29] 리슐리외와 비스마르크 둘 다 독실한 기독교 신자로서, 인간의 비이성적 열정은 너무도 사악하기 때문에 질서를 유지하기 위해서는 홉스적 방법이 필요하다고 믿었다. 노스웨스턴 대학의 역사학 교수 게리 윌스에 따르면, 성 아우구스티누스(354-430) 역시 『신국』에서 전통적 자유주의적 세계관에는 없는, 사회에 대한 현실주의적 접근을 보여준다. 자유주의(liberalism)는 종족과 민족의 "비이성적" 유대(bond)를 전혀 이해하지 못한 채 비난만 할 뿐 아무것도 할 수 없는 반면", 아우구스티누스는 그런 유대가 하느님의 사랑과 완전한 정의에는 기여하지 않을지라도, 그것은 또한 옳은 일인 사회적 응집력을 높인다는 사실을 파악했다.[30] 그리고 20세기에 이런 주장을 한 사람으로, 기독교적 현실주의 원칙을 신봉한 프로테스탄트 신학자이자 냉전시대 전사인 라인홀트 니버(1892-1971)를 빼놓을 수 없다.

앞에서 언급한 이들은 모두 간접적인 방식으로나마 그리스-로마적이고 공적인 도덕성을 활용하여 사적이고 유대-기독교적인 도덕성을 증진하려 한 것으로 보인다. 내 방식대로 설명하자면, 인권은 미국의 힘을 유지하고 강화함으로써 궁극적으로 그리고 가장 확실히 증진될 수 있다는 것이다.

우리는, 모든 인간이 평등하게 창조되었으며, 창조주로부터 타인에게 양도할 수 없는 어떤 권리들을 부여받았고, 그 가운데는

생명, 자유, 그리고 행복추구권이 있다는 사실을 자명한 진리로
신봉한다.

토머스 제퍼슨(1743-1826)이 독립선언서에 이런 문구를 넣을 당시,
동프로이센의 쾨니히스베르크 대학에서 논리학과 형이상학 교수로 있
던 칸트는 이런 권리들이 '양도 불가능한 것'이며 음식과 물처럼 인간
의 기본적 욕구라는 것을 증명하기 위한 일련의 저술을 시작했다.

칸트는 1724년 쾨니히스베르크에서 태어나 1804년 그곳에서 죽었
다. 가난하지만 신앙심 깊은 부모 사이에서 태어난 그는 교회가 운영
하는 학교에 다녔으며, 거기서 조직화된 종교에 대한 혐오를 느끼게
되었다. 그는 16세에 쾨니히스베르크 대학에 입학했고, 그 후 평생을
그곳에서 보냈다. 자연과학을 배우는 학생과 대학원생으로, 강사로,
그리고 드디어 46세에 정교수가 되면서 그의 진지한 저술 활동이 시
작되었다. 그는 결혼을 한 적도, 여행을 한 적도 없었다. 칸트에게 경
험은 정신 활동에 비하면 아무것도 아니었으므로 그의 저술은 이러한
우선순위의 반영이다.

칸트는 투키디데스, 리비우스, 마키아벨리, 홉스, 그리고 역사를 철
학의 원재료로 인식하는 여러 학자들과는 궤를 달리한다. 플라톤과 마
찬가지로, 칸트는 경험이 아니라 이성에 기초한 완전한 사회를 추구했
다. 칸트는 우리가 있는 그대로의 세상을 대처하는 데는 도움이 안 되
지만 우리가 추구하는 가치를 보다 잘 이해하는 데는 도움이 된다.

칸트의 문장은 너무도 함축적이므로 종종 시를 읽는 듯하다. 『순수

칸트

이성 비판』(1781)은 가장 대표적인 저술이지만, 나에게는 그 뒤에 나온 『도덕 형이상학의 기초』(1785)가 더 중요하다.[31]

　현실주의자들은 홉스가 인간을 있는 그대로 분석했기 때문에 존경하는 반면, 칸트는 인간이 얼마나 더 나은 상태로 나아갈 수 있는지 보여주었기 때문에 존경받는다. 칸트의 '영구평화론'은 도덕적 진보를 확실히 하기 위한 간교한 역사적 장치를 제시한다.[32] 하지만 두 철학자는 실제로는 서로 반대편에 있지 않다. 칸트 역시 인간의 동기에 대한 날카로운 관찰자이다. 그는 도덕성이 우리 행동의 기초인 것처럼 보일 때조차도 "단순히 도덕을 가장한, 자기애(self-love)의 은밀한 충동이 우리 행동의 진정한 원인이 아니라고 확실하게 추론할 수 없다. 왜냐하면, 우리는 거짓으로 한층 더 고상한 동기를 부여함으로써 스스로에게 아첨하길 좋아하기 때문이다"고 썼다.[33] 아무리 철저히 자기성찰을 한다 해도, 우리들은 여전히 우리들 자신과 다른 사람들의 "동기 뒤에 있는 것을 완벽하게" 볼 수 없으므로, 도덕적 행동의 증거는 오직 이성에 의해 추론될 수 있을 뿐이고, 단지 경험만으로는 불가능하다.[34] 칸트는 이른바 도덕적 주장 뒤에는 이기적 계산이 수없이 깔려 있다는 것을 알기 때문에 '정치적 도덕주의'를 비판한다. 곧 정치적 견해가 다르다고 자신의 적대자를 비도덕적인 사람으로 공격하는 것 말이다.[35]

홉스와 마찬가지로 칸트는 인간의 공포와 욕망이 인간으로 하여금 비합리적으로 행동하게끔 한다는 것을 알고 있었다. 하지만 칸트는 그런 다음 우리가 어떻게 "행동해야만 하는지"를 알려주는 법은 없는가라고 묻는다.[36] 그런 법이 존재한다는 것을 증명하기 위해 칸트는 경험에 의해 제약을 받거나 편견에 사로잡히지 않는 이성적 추론에 몰입한다.

칸트는 만약 우리가 다른 모든 사람들이 행동하고자 하는 바와 모순됨이 없이 행동할 때, 그것은 어느 정부도 거부할 권리가 없는 "보편법(universal law)"이라고 주장한다.[37] 칸트는 자신이 뜻하는 바를 구체적으로 설명하기 위해, 옹호될 수는 있지만 심각한 모순 없이 보편적이 될 수 없는 행동이 무엇인지 기술한다.

• 자신을 포기하게 만들 정도로 삶이 수많은 고통으로 가득 찬 한 인

간을 생각해보자. 아무리 생각해도 미래는 행복보다는 불행이 기다리고 있다는 것을 안 그는 자기애에서 비롯된, 자살을 결정한다. 이런 행동이 있을 수 있다는 것을 인정하면서도, 칸트는 삶의 일반적인 목적이 스스로를 파괴하는 것이 될 수 없기 때문에 자살은 보편법이 될 수 없다고 지적한다.

• 살기 위해 돈을 빌려야 하지만 그 돈을 갚을 수 없다는 것을 아는 한 인간을 생각해보자. 절망에 빠진 채 그는 어쨌든 돈을 빌린다. 하지만 모두가 그렇게 행동한다면, 칸트는 그 다음에는 아무도 더 이상 돈을 빌려주지 않을 것이라고 말한다. 따라서 그것은 보편법이 될 수 없다.

• 마지막으로, 부족함이 없는 환경에서 그저 혼자 살기를 바랄 뿐이고 그래서 곤경에 처한 사람들을 도와주지도, 해를 끼치지도 않는 한 인간을 생각해보자. 하지만 칸트는 심지어 그 사람마저도, 모순 없이는 모든 사람들이 항상 그렇게 행동하기를 바랄 수 없다고 설명한다. 왜냐하면, 인생에는 타인의 도움을 필요로 할 때가 분명 있기 때문이다.

칸트는 홉스와 마찬가지로 비도덕성이 비합리적이라고 주장하지는 않는다. 모순은 우리가 비도덕적 혹은 몰도덕적(도덕과 관계 없는) 행동을 보편적인 것으로 만들려는 시도를 할 때만 나타난다.[38] 칸트는 우리가 모순 없이 모두가 채택할 수 있으리라고 바랄 수 있는 유일한 행동은 선의(goodwill)에 기초한 행동이라고 말한다. 선의는 비록 그것이 좋은 결과를 가져오지 못한다 해도 그 자체로서 고유한 가치를 갖는다. 즉, 그러니까 선의의 가치는 경험과는 독립적으로 존재한다.

선의를 갖고 행동한다는 것은 개개인의 남자 또는 여자를 단순한 '수단'으로 보는 것이 아니라, 그 자체를 '목적'으로 본다는 것을 의미한다.[39] 칸트는 서로를 수단이 아니라 목적으로 대하는 사람은 자유인이라고 말한다. 자유인은 자신의 공포와 욕망에 따르기보다는 자신의 원칙에 따라 행동하는데, 그 이유는 그런 공포와 욕망은 우리의 자유를 제약하는 외부적 힘이기 때문이다.

만약 선의가 비참한 결과를 초래한다면 어쩌겠는가? 유화주의자들 가운데 일부는 적어도 부분적으로는 선의를 바탕으로 행동하지 않았을까? 그리고 히틀러를 포함하여 각각의 인간은 진정 그 자체로 친절히 대해야 할 목적이 아닌가? 물론 아니다. 칸트는 악의 존재를 부인하지 않는다. 오히려 그는 정치의 세계가 너무도 부도덕하기 때문에 도덕철학은 정치의 세계에서 일어나는 것에 의존할 수 없으며, 그렇지 않으면 인간은 어떤 이상도 가질 수 없을 것이라고 강조한다. 그리고 이상이 없다면, 예컨대 미국 독립선언서에 들어 있는 인권들을 위한 기초도 없게 된다. 그 권리들은 반론의 여지가 없는데, 왜냐하면 우리가 미국 건국의 아버지들과 마찬가지로, 그것들이 모순 없이 보편적이길 바라기 때문이다. 서로 다른 도덕적 가치 체계들이 공존할 수도 있지만, 칸트는 추구할 가치가 있는 보편적 원칙들이 여전히 존재한다는 것을 보여준다. 유대인 대학살 때문에 우리가 너무도 잘 알고 있는 그런 원칙 말이다.

하지만 홉스, 마키아벨리, 투키디데스, 그리고 손자와는 달리, 칸트는 열정, 비합리성, 그리고 주기적인 사악함에 지배되는 세계에 대처하기 위한 실질적인 조언은 거의 제시하지 않는다. 예컨대, 미국이나 중국과 같이 서로 다른 역사적 경험을 갖고 있는 국가들은 자국 시민들의 복리를 증진할 방법에 대해 합당한 논쟁을 벌이고 있다. 따라서 정치가들은 칸트가 제시한 목표들에 도달하기 위해 앞서 언급한 다른 철학자들의 지혜를 활용해야 한다.

칸트는 결과의 도덕성보다는 의도의 도덕성을, 실제적 결과의 도덕성보다는 추상적 정의의 도덕성을 강조한다. 칸트는 규칙의 선함과 악함에 대해 관심을 갖는다. 하지만 정치는 종종 특정한 상황에서 행한 특정한 행동의 선함과 악함에 관한 것이다. 그 이유는 같은 행동이라 해도 어느 상황에서는 선한 결과를, 다른 상황에서는 나쁜 결과를 산출할 수 있기 때문이다. 칸트의 주제는 순수한 진실성(pure integrity)인 반면, 정치는 정당화에 관심을 둔다. 왜냐하면 만약 하나의 행동이 그럴듯한 결과들에 의해 정당화될 수 있다면, 그 뒤에 있는 내면적 동기의 일부가 아무리 추잡하다해도, 그 의사결정 과정에는 어느 정도의 진실성이 여전히 내재되어 있기 때문이다. 또한 마키아벨리의 말처럼, 불완전한 세계에서 선을 행하려는 자는—그리고 다수 인간들의 복리를 책임진 사람은—때에 따라 악해지는 법과 그것을 음미하는 법을 배우지 않으면 안 된다.

프랭클린 루스벨트가 만약 태연하게 기만적이지 않았다면 그는 자신의 업적을 성취하지 못했을지도 모른다. 정치가에게는 결과의 도덕성이 요구된다. 정치가는 '생각할 수 없는 일을 생각할' 수 있어야만 한다. 만약 어떤 정치가가 슬로보단 밀로셰비치 치하의 세르비아 혹은 사담 후세인 치하의 이라크 같은 비정상적인 환경에서 작전을 수행해야 한다면, "그곳에서 정상적인 규범을 지키는 것은 미친 짓이다."[40] 1998년 10월 베오그라드에서 밀로세비치는 미국의 대사 리처드 홀부르크에게 "미국은 세르비아에 폭격을 할 만큼 충분히 미치지는 않지요?"라고 물었는데, 홀부르크는 "그렇습니다. 아마도 미국은 충분히 미쳐 있습니다"라고 대답했다. 홀부르크가 계산된 비정상적 행동을 인정한 것은 결과의 도덕성을 의미한다. 이런 처칠적인 도덕성은 난처한 일을 최선을 다해 마음 편하게 수행하도록 해준다.

물론 정치가들이 오직 결과의 도덕성만을 추구했다면, 그들은 냉소주의와 기만에 빠졌을 것이다. 그들은 적어도 칸트의 말대로, 자신들이 어떻게 행동해야만 하는지를 고려해야 한다. 왜냐하면 의도의 도덕성이 전혀 없는 세계에서는, 진실을 말하거나 약속을 지키는 사람이 거의 없을 것이기 때문이다.[41] 하지만 결과의 도덕성에는 고유한 위험들이 내재한다는 사실이, 그것이 정치적 수완의 지배적인 요소가 되어서는 안 된다는 것을 의미하지는 않는다. 키케로는 "우위(advantage)를 판단하는 유일한 잣대"는 "도덕적 정당성(moral right)"이라고 말했다.[42] 하지만 그것은 대체적으로만 진실이다. 냉전시대에 비록 공산권에 대한 서구 진영의 도덕적 우위는 명확했지만, 소련의 침공이라는 현실에 직면한 서구는 스파이, 핵무기 배치, 그리고 독재 정권들에 대한 지원과 같은 전술들을 사용하지 않을 수 없었다.

도덕적 의도가 없는 외교정책이 냉소주의로 전락할 수 있는 반면, 모든 행동들을 도덕적 명령에 따라 안내하고, 정당화하고, 찬양하려고 하는 정책은 극단주의가 될 위험이 있는데, 그런 열성은 종종 비도덕적인 것을 용납하지 않는 태도를 수반하기 때문이다. 이는 또한 신앙이 가진 문제이다. 마키아벨리가 말한 대로, 종교가 나쁘다는 것이 아니라 종교의 비세속성이 현세의 일에 지나치게 간섭할 때, 종교가 극단주의로 흐르는 것이 문제다. 다른 누구보다도 먼저 마키아벨리가 시작했고 홉스에 의해 완성된, 정치로부터 사적 윤리의 분리는 중세 교회의 내세적 절대주의로부터 자유로운 외교의 기초를 놓았다. 우리는 그런 절대주의로 회귀하지 않도록 주의하지 않으면 안 된다. 만약 정치에서 진보라는 것이 있다면, 그것은 종교적 미덕으로부터 세속적 이해관계로의 진보였기 때문이다.

THE WORLD OF ACHILLES
ANCIENT SOLDIERS, MODERN WARRIORS

전쟁은 과거와는 다른 방식으로, 선전포고도 없이, 국가들 사이에서보다는 국가 내에서 치러질 것이다. 호메로스가 말한 대로 세상에는 "전쟁의 야만적인 기쁨을 즐기려는" 전사들이 항상 있기 마련이지만, 냉전 제국의 붕괴와 그로 인한 무질서는 도시 빈

아킬레우스의 세계:
고대의 군인들, 현대의 전사들

곤지역의 확대와 함께 가족의 해체를 촉발시키고 광신적인 피의 연대를 부활시켰다. 그 결과, 새로운 전사 계급이 탄생했는데, 그들은 그 어느 때보다 더 잔인하고, 더 잘 무장하고 있다. 전사들을 물리치는 데 필요한 것은 신속한 대응이지 국제법이 아니다.

세네카는 위대한 사람이면서 "동시에 침착하지 않은 사람은 없다"고 썼다. 이어서 말하길, 검투사들은 "숙련된 기술로 자신을 방어하지만 분노 때문에 무방비 상태가 된다"고 했다.

아마도 미래의 정치가는 과거 어떤 시대의 정치가들보다도 더 자신의 감정을 통제할 필요가 있는데, 그 이유는 앞으로 화를 낼 일들이 많을 것이기 때문이다. 우리의 규칙을 따르기를 거부하는 집단들이 끊임없이 난폭한 행동을 하게 될 것이다. 예컨대 기술 덕분에 미국은 이전에 유럽이 그랬던 것보다도 더 중동과 물리적으로 가까워졌기 때문에, 과민 반응(overreaction)은 끔찍한 대가를 치르게 될 것이다. 현대 민주주의의 한 특징이 되어온 민간과 군대 지휘체계 간의 인위적인 분리가 지속적으로 사라지고 있으므로, 모든 외교적 조치는 또한 군사적 조치가 될 것이다. 따라서 우리는 고대와 초기 현대 세계의 통합된 리더십으로 되돌아가게 될 것이다. 이런 체제에 무슨 이름을 붙이든, 소크라테스와 마키아벨리는 이것을 모든 정치 체제의 기본적 진리로 인식했다.

민간과 군대 지휘부 간의 분리는 현대 유럽의 군인들이 직업군인화되면서 19세기에나 나타난 현상이었다. 냉전이 오래 지속되는 과정에서 군대 조직은 지나치게 커졌고 많은 정보를 갖게 되었다. 그 결과 군대 조직이 정책결정의 주변부로 밀려나기 어렵게 되었다. 합참의장은 이제 대통령의 내각에서 빠질 수 없는 구성원이 되었다. 중동, 유럽, 태평양, 그리고 미주 지역의 지역사령관들은 냉전시대보다 예산을 두 배나 더 많이 쓰는—국무부와 다른 여러 민간 외교정책 기관의 예산은 오히려 줄어들었다—로마 제국 식민지총독의 현대판이다.[2]

군사와 민간 첨단기술 시스템 간의 결합이 이런 추세를 더 확대시킬 것인데, 그렇게 되면 군대는 점점 더 민간 전문가에게 의존하게 되고, 또한 그 역도 마찬가지다. 미국이 관여하게 될 단기적, 제한적 전쟁 그리고 구조 작전은 의회나 시민의 동의를 받지 않고 진행될 것이다. 적국의 컴퓨터 네트워크에 대한 선제적인 공격과 비밀스런 방위 조치들도 마찬가지일 것이다. 국방부와 기업들 사이의 협조는 필수적이고 또 더욱 증가할 것이다. 전쟁을 할 것인지는 점점 더 민주적 의사결정을 거치지 않게 될 것이다.

기갑 사단을 동원하고 대양을 넘어 이동시키는 데 몇 주일이 걸리던 시대에는 미국의 대통령들이 그에 대해 국민들과 의회와 상의하는 일이 가능했다. 하지만 전투 여단들이 전세계 어디든 96시간 만에 투입될 수 있고 사단 전체를 배치 완료하는 데는 120시간이 걸리는 시대, 대부분의 군사 행동이 전광석화 같은 공습 및 컴퓨터 공격으로 이루어지는 기술 시대에는, 병력 사용에 대한 의사결정이 민간인과 장성들로 구성된 소규모 집단에 의해 전적으로 결정될 것이고, 그들 간의 차이는 시간이 흐를수록 희미해질 것이다.[3] 거의 정치인처럼 행동하는 장군들과 방위 정책 분야의 민간 전문가들 사이의 지식적인 차이는 이미 문제가 되지 않고 있다.

국제법이 무역기구나 인권재판소 등을 통해 그 중요성이 더해지고 있기는 하지만, 그렇다 해도 국제법은 전쟁 행위에 대해서는 큰 역할을 하지 못할 것이다. 왜냐하면 전쟁은 점점 더 비전통적인 방식으로 선전포고도 없이 진행될 것이고, 국가들 사이에서보다 국가들 내에서 치뤄지게 될 것이기 때문이다. 17세기 네덜란드의 휴고 그로티우스

(1583-1645)가 제창한 '국제법' 의 개념은 그 기본 취지가 모든 주권국가들은 동등하며 전쟁은 주권을 방어하기 위한 경우에만 정당화된다는 것으로서, 근본적으로 유토피아적인 개념이다. 평화와 전쟁 사이의 경계는 종종 분명하지도 않으며, 국제 협정은 오직 무력과 이해관계가 그것을 유지하려 할 때에만 지켜진다.[4] 미래에 전시의 정의(wartime justice)가 국제법에 의존할 것으로 기대하지 말아야 한다. 고대에서처럼, 전시의 정의는 군사령관 자신의 도덕심에 달려 있게 될 것인데, 그들의 역할은 종종 민간 지도자의 역할과 구분이 어려워질 것이다.

미래의 전쟁은 세 가지 차원에서 고대의 전쟁처럼 될 것이다. 첫째는 적의 성격, 둘째는 적을 봉쇄하고 파괴하는 데 사용되는 방법, 셋째는 전쟁을 앞장서서 주장하는 사람들의 정체이다.

————

국가안보 분석가 랠프 피터스 대령은 다음과 같이 서술하고 있다.

"미국의 군인들은 적국의 군인들을 무찌르기 위한 준비가 매우 잘 되어 있다. 불행하게도 우리가 부딪힐 가능성이 큰 적은 … 규율이나 직업의식을 갖춘 '군인들' 이 아니라 충성의 대상을 자주 바꾸고, 폭력을 쓰는 데 이골이 나 있으며, 공공질서에는 전혀 관심이 없는 '전사들' 일 것이다."[5]

호메로스의 말을 빌리면, 세상에는 언제나 "전쟁이라는 야만적인 즐거움을 쫓아다니는" 전사들이 있다.[6] 하지만 냉전제국의 붕괴와 그것이 초래한 무질서는—기술의 발전과 도시 빈곤 지역의 확대와 더불어—가족의 해체를 촉발시키고 한층 더 호전적인 이슬람주의와 힌두주의를 포함한 광신적인 피의 연대를 부활시켰다. 그 결과 그전에 볼 수 없었던 잔인하고도 한층 더 잘 무장된 전사계급이 탄생되었다. 그들이 바로 서부 아프리카의 살인적인 10대 군인들, 러시아와 알바니아의 마피아들, 라틴아메리카의 마약 상인들, 이스라엘 서안 지구의 자살폭탄병, 그리고 이메일로 연락을 주고받는 오사마 빈 라덴의 추종자들이다. 트로이를 괴롭혔던 아킬레우스와 고대 그리스 병사들처럼, 폭력이 안겨주는 전율이 가정과 축제의 즐거움을 대체하고 있다. 아킬레우스는 외친다.

음식을 즐기라고?
나는 먹는 것 따위는 관심이 없어.
내가 진정 갈망하는 것은
살육과 피
그리고 숨 막혀 죽는 남자들의 신음소리야![6]

오늘날의 전사들은 종종 세계화에 따른 소득 불균형에 화가 난, 개발도상국에 사는 수억 명의 젊은 남성 실업자들로부터 나온다. 세계화는 다원주의적이다. 그것은 최적자의 경제적 생존을 의미한다. 훈련되고, 역동적이고, 창의력 있는 집단이나 개인들은 최고 자리까지 올라가겠지만, 반면 기술적으로 적절히 경쟁할 수 없는 문화권은 엄청난 수의 전사들을 양산할 것이다.

나는 파키스탄의 빈민가에 있는 이슬람 학교에서 전사들을 배출하는 것을 직접 목격했다. 그런 빈민가의 아이들은 그들의 종교 교사가 가르쳐준 것 말고는 어떤 도덕적 또는 애국적 정체성도 갖고 있지 않다. 화학 무기와 생물학 무기의 시대는 종교적 순교 행위와 완벽히 들어맞는다.

전사들은 또한 전과자, 민족적 '애국자', 냉소주의에 빠진 무기 및 마약 밀매업자, 그리고 실패한 군인들에서도 나온다. 예컨대 옛 공산권 또는 제3세계의 군대에서 버려진 군인들이 그렇다. 1990년대 발칸과 카프카스에서의 전쟁들은 이런 모든 종류의 전범자들을 다시 만들어냈다. 피터스 대령은 러시아든 이라크든 혹은 세르비아든 우리 시대의 민족주의는 단지 근본주의의 세속적 형태에 지나지 않는다고 말한다. 민족주의와 근본주의는 둘 다 진실이든 상상이든 집단적인 불만과 역사적 실패로부터 나오며, 잃어버린 황금시대를 설교한다. 이 둘은 모두 그들의 적들을 인간으로 취급하지 않으며 자비를 곧 약함과 동일시한다. 그래서 많은 차이가 있기는 하지만 라도반 카라지치(보스니아 내전 당시 세르비아계 지도자)와 오사마 빈 라덴은 둘 다 미국식 규칙을 따르지 않는 전사라고 할 수 있다.

히틀러는 선진 공업국을 손아귀에 넣은 스킨헤드의 원형 같은 전사였다. 합리적인 경제적 동기가 국제정치의 미래를 결정한다고 믿는 사람은 히틀러의 저서인 『나의 투쟁』을 읽어봐야 한다. 베를린 장벽의 붕괴 이후 그와 유사한 정도의 전략적 위협을 가하는 전사는 한 명도 없었다. 하지만 그것도 변할 수 있다. 더 소형화된, 저 차원 기술의 핵무기 그리고 화학 및 생물학 무기의 개발과 확산은 이름 없는 '자유의 전사들'을 전략적 위협요인으로 만들고 있다. 대량살상 무기를 생산하는 데 규모의 경제는 더 이상 필요하지 않다. 미국은 새로운 군사기술에 대한 독점을 유지할 수 없으며, 그 가운데 많은 것들은 비싸지도 않고 또한 자유 무역을 통해 구입할 수도 있다. 남북전쟁 당시에는 전쟁터 1평방마일당 2만 6천 명의 병사들이 배치되었지만, 지금은 240명에 지나지 않으며, 전쟁이 점점 더 비전통적인 방식으로 치러지고 병력에 덜 의존하기 때문에 그 숫자는 더욱더 감소할 것이다.

전사들의 잔악 행위에 대한 우리의 대응은 기습작전을 빼놓고는 생각할 수가 없으며, 민주적 절차를 잠시 제쳐둬야 한다. 전쟁은 오직 그것이 평화와 명백히 분리된 상황일 때만 민주적 통제를 받게 된다. 한국과 베트남에서처럼 냉전시대의 대결은 여론이 중요한 역할을 했지만, 특공대 공격과 적 컴퓨터 시스템에 대한 전자 공격이 특징인―따라서 신속한 대응이 핵심 변수인―장기간의 유사 전쟁 상태에서는 그처럼 여론을 따를 수만은 없을 것이다.[8] 이런 전쟁에는 불만과 약탈에 자극받은 전사들이 한편에 있고, 고대의 덕목에 자극받은 귀족적 정치인들, 군대 장교들, 기술 관료들이 다른 한편에 있게 될 것이다.

물론 미국은 전사 집단들뿐만 아니라, 중국과 같은 강대국들과도 군사적 갈등에 직면하게 될 것이다. 하지만 그들은 미국의 전쟁 규칙에 따라 싸우기보다는 컴퓨터 바이러스를 퍼뜨리거나 혹은 중동의 전사들에게 군사기술을 제공하여 테러를 부추길지도 모른다. 비록 표면적으로는 그런 테러리스트들과는 전혀 관련이 없다고 주장하겠지만 말이다. 러시아 또한 선전포고 없는 전쟁을 수행하기 위해 테러리스트들과 국제 범죄자들을 전략적으로 이용할 수 있을 것이다. 미국이 군사적으로는 어떤 집단이나 국가보다 우월하다는 바로 그 이유 때문에, 미국은 국제법이 적용되지 않는 가장 취약한 부분에서 공격받을 수 있음을 예상하고 있어야만 한다.

우리는 호메로스의 『일리아스』에 나오는 트로이인들을 기억하면서 경계를 게을리해서는 안 된다. 트로이인들은 당시 세상 사람들의 선망의 대상이었다. 품위 있는 문명인이었으며, 멋있는 건물들과 농장들로 둘러싸여 있었고, 다른 나라들과 엮이지 않기를 원했으며, 그들이 이룩한 부와 성공으로 항상 무엇이든 해결할 수 있을 것이라고 믿었다. 하지만 그들은 시대를 초월한 인간의 비합리성을 반영하는—음모를 꾸미고 역정을 내기도 하는—그리스 신들에 의해 전쟁에 말려든, 바다를 건너온 해적 우두머리들에게 포위되었다. 고전학자 버나드 녹스 (1888-1957)는 말한다

"3천 년이라는 세월이 인간의 조건을 바꾸지는 못했다. 우리는 여전히 폭력의 애호자이자 희생자이기도 하다."[9]

철학자이자 레지스탕스에 참가했던 시몬느 베이유는 그녀의 조국 프랑스가 나치에 의해 유린되기 직전인 1939년의 어느 글에서 『일리아스』를 우리의 집단적 경험에 대한 "가장 순수한 거울"로 찬양하면서, 『일리아스』가 "과거에도 그랬지만 지금도, 어떻게 폭력(force)이 모든 인간의 역사에서 중심에 있는지를 보여준다"고 말했다.[10]

미국은 대체로 전쟁을 피하려고 했던 평화지향적인 상업국가이다. 그러나 미국의 지도자들은 새벽에 그리스 병사들을 공격하기 위해 기다리는 트로이 병사들에 대한 호메로스의 묘사를 되새겨 보아야 한다.

그리고 그렇게 그들의 사기는 하늘로 치솟았다.

그들이 골짜기에 내려가 진을 치는 동안

밤새도록

횃불이 그들 가운데서 타올랐다.

수백 명의 건장한 병사들이,

빛나는 달 둘레에서 반짝이는

밤하늘의 별들처럼

영광으로 불타올랐다.[11]

최소한 한 가지 면에서 고대의 전쟁은 현대의 전쟁보다 훨씬 더 문명화되었다. 고대 전쟁의 목적은 일반적으로 적장을 죽이거나 혹은 사로잡아 감금해 두는 것이었다. 기술이 원시적인 상태이기에, 적장과 핵심 세력들을 잡는 유일한 방법은 많은 사람들과 군대를 뚫고 들어갈 수밖에 없었고, 결과적으로 혈전과 엄청난 잔학행위가 불가피했다. 그러나 계몽 시대 이후 서구의 지도자들은 서로의 목숨을 직접적으로 노리지 않았으며 서로를 간접적으로 응징하는 방법을 추구했다. 상대방의 군대를 파괴하거나—미국 남북전쟁 시대 그랜트 장군과 셔먼 장군 이래—민간인 또한 고통을 겪게 만듦으로써 말이다. 그러나 고성능 폭탄으로 수천 명을 죽이는 것이 칼이나 도끼로 죽이는 것보다 진정 더 명예로운 것인가?

코소보에서 서구의 공습은 군사 목표물보다 민간 목표물에 대해 훨씬 더 효과적이었다. 하지만 곧 개발될 정밀유도기술—총알이 유도탄처럼 특정 목표물을 향해 날아갈 수 있게 하는 기술—은 적장을 꽤 실질적으로 타격할 수 있도록 해줄 것이다. 앞으로는 인공위성이, 현재

CAT(Computerized Axial Tomography, 컴퓨터 단층 촬영) 스캔이 인체를 촬영하는 방식처럼 개개인의 신경 생물학적 신호를 따라 그들의 구체적인 움직임을 추적할 수 있을지도 모른다. 우리는 고대의 전쟁을 다시 하게 될 것이다. 엄청난 잔학행위를 범한 가해자들을—그들의 통제 하에 있지만 많은 경우 그들의 희생자인 민간인들을 해치지 않고—죽이거나 체포하는 것이 조만간 가능하게 될 것이다.[12]

밀로세비치와 그 측근들을 암살하는 것이 10주 동안 세르비아에 폭격하는 것보다 더 인도적이지 않은가? 미래에는 그런 암살이 가능할 것이다. 앞으로 많은 적들이 세르비아만큼 기술적으로 발전한 나라에 살지는 않을 것이므로 발전소나 정수시설과 같이 폭격을 가할 적당한 목표물들이 없을지도 모른다. 유일한 목표물은 적장 또는 전사 한 명일지도 모른다. 오사마 빈 라덴이 숨어 있던 동부 아프가니스탄에서 그의 '기반 시설'을 공격한다는 것은 단지 그의 삼베 텐트와 휴대전화, 컴퓨터 몇 대를 파괴한다는 것을 의미하는데, 그런 것들이야 즉각 대체될 수 있다.[13] 미래에는 군사지휘부를 정밀하게 타격할 수 있기 때문에, 그곳의 컴퓨터망을 파괴한다는 것은 그 정치적 지도부를 제거하는 것을 의미하게 될 것이다. 베트남 전쟁의 영향으로 제정된 암살금지법은 폐기되거나 아니면 적용되지 않게 될 것이다.[14]

미래의 전쟁이 살육적이든 아니든, 전쟁을 치르는 방식에는 명백한 고대적 요소가 있게 될 것이다. 우리들의 관점에서 코소보는 무혈 전쟁이었다. 수천 명의 민간인들(대부분 코소보 지역의 알바니아 사람들)이 죽었지만, 나토의 사상자는 거의 없었다. 하지만 만약 나토의 비행기 십여 대가 격추되었다면, 클린턴은 철군하라는 압력을 받았을 것이다.

우리의 전쟁 성향은 고대 로마 사람들과 비슷하다. 로마의 직업적이고 급여를 받는 군대들은 명예로운 죽음을 열망하는 전사들과 싸울 마음이 없었다. 그런 까닭에 로마 사람들은 비록 전쟁비용은 많이 들지만 자신들의 피해를 최소로 할 수 있는 체계적 포위작전을 선호했고 훤히 트인 지역에서의 접전은 피했다.[15] 로마 군인들은 또한 성가신 투구, 갑옷, 어깨 보호장구, 그리고 정강이 보호대를 달았다. 그런 것들이 몸놀림을 더디게 했는데도 말이다. 미국이 사상자를 내지 않기를 바라는 최초의 대제국은 아니라는 사실은 분명하다.

마이클 이그나티예프는 다음과 같이 질문한다. "만약 군사 행동에 비용이 안 든다면 군사 작전을 하는 데 민주적인 제약을 받아야 할 이유가 무엇인가?"[16] 일반 시민들의 관심을 끄는 것은 사상자에 대한 우려뿐이다. 그것은 민주적 의미를 가지는 논쟁을 촉발시킨다. 코소보 공습이 시작되었을 때 나는 뉴멕시코와 콜로라도에 있었는데, 내가 간 곳 어디서나 텔레비전은 오락물, 특히 게임쇼를 방영하는 채널에 맞춰져 있었지 전쟁 소식을 계속 전하는 CNN이 아니었다. 내가 생각하기에 미국은 세계 어느 곳에든지 수주 간 폭격을 가할 수 있으며, 만약 그곳에 미국인 사상자만 없고 주가가 내려가지만 않는다면 일반 시민들은 폭격에 반대하지 않을지도 모른다.

냉전 이후 대부분의 서구 정치지도자들은 언론이나 지식인 사회만 아니라면, 그들이 떠안아야 할 위험이 있는 모든 비전략적 개입을 회피하려 할 것이다. 영향력이 큰 언론들은 세계주의적인 성향을 가진 사람들이 지배하고 있기 때문에 국가 이익보다는 보편적 도덕 원칙들을 강조하는 경향이 있다. 미국 CBS의 앵커였던 월터 크롱카이트는

"대부분의 기자들은 기존 질서에 대해서 그리 충성심을 느끼지 않는다. 내 생각에 그들은 권위와 제도보다는 인도주의를 추구하는 경향이 있다"라고 말한다.[17] 언론의 손에 쥐어진, 최고의 이타주의인 인권이라는 언어는 어쩌면 우리가 치르지 말아야 할 전쟁으로 우리를 내몰 수 있는 강력한 무기가 된다.[18]

만약 어떤 언론사가 집중할 가치가 있는 명분을 발견하면, 그 회사는 일반 대중의 여론을 형성할 수도 대체할 수도 있다. 그것이 바로 보스니아와 코소보의 경우인데, 그 당시 일반 대중은 여론조사에서도 알 수 있듯이 별 관심이 없었으나 언론은 압도적으로 개입을 지지하는 편이었다. 언론과 지식인 사회는 군대 장교, 의사, 그리고 보험대리인 등등 보다 그다지 특별할 게 없는 전문가 집단이다. 그리고 더 이상 미국 국민들을 대변하는 집단도 아니다. 다른 전문가 집단들과 마찬가지로 그들은 그들의 사회적 네트워크 바깥에 있는 사람들보다는 종종 서로에게서 영향을 받는다. 일반대중이 관심을 보이지 않으면 이 유사 귀족들은 마치 고대의 귀족들이 그들의 황제에게 했던 것처럼 서구의 지도자들의 견해를 형성하고자 할지도 모른다. 게다가 언론의 주장은 맞서기가 어렵다. 언론이 인권에 대한 주장을 강력히 펼치면 명백히 이단 심문 같은 분위기가 형성된다.

1982년 이스라엘의 베이루트에 대한 폭격, 그리고 10년 후 소말리아의 기아 등과 같은 대재난의 현장에서 TV통신원들이 단순한 감정이 냉정한 분석을 대신하는, 열정적이고 협소한 시각을 여과 없이 보여준다. 그들은 자신들 눈앞에 벌어지는 끔찍한 참상 말고는 아무것도 관심이 없다. '당장 뭐라도 해야 한다!'라는 생각만 할 뿐이다. 언론은 고전적인 자유주의 가치를 지향하는데, 그것은 개인들과 그들의 복지에 관심을 갖는다. 반면 외교정책은 국가들간의 관계에 관심을 갖는다. 따라서 언론은 국가의 중대한 이익이 위협받을 때보다는 개인의 권리와 고통이 관련되어 있을 때 호전적이 될 가능성이 더 높다. 물론 통신원들과 인권운동가들의 절제되지 않은 감정이 정치지도자들이 정확하게 들어야 하는 것일 때도 있을 것이다. 예컨대 1992년과 1993년의 사라예보처럼 말이다. 정치가가 무엇이 정의로운 것인지와 무엇이 단지 정의로운 체하는 것인지, 혹은 비현실적인지를 구분할 수 있어야 한다. 현명하고 신중한 결정은 항상 분별력을 필요로 한다.

손자는 "싸울 때와 물러날 때를 구분할 줄 아는 사람은 승리를 쟁취할 것이다"라고 말한다. "가지 말아야 할 길이 있고, 공격하지 말아야 할 적이 있으며, 침략하지 말아야 할 성곽도시도 있다."[19]

소말리아와 시에라리온 같은 무정부지역에 대한 개입과 더불어, 점증하는 도시 내에서의 전쟁—투즐라, 모가디슈, 파나마시티, 베이루트, 가자 지구 등등—은 개입을 주장하는 바로 그 사람들도 용납하지 못할 정도의 무자비함을 우리들에게 요구할지도 모른다. 기원전 415년 시칠리아에 대한 개입에 반대하면서 아테네의 장군 니키아스는 다음과 같이 말했다

"우리는, 우리가 낯선 자들과 적들 사이에 하나의 도시를 세우러 간다는 사실을 스스로에게 속여서는 안 된다. 그리고 그런 과업을 떠맡는 사람은 자신이 발을 들여놓는 그 순간 그 나라의 지배자가 될 준비가 되어 있어야만 한다. 이에 실패하면 모든

것이 그에게 적대적인 상황을 마주하게 된다."[20]

베트남에서의 미국처럼 아테네도 동맹국들에 의해 시칠리아 원정의 유혹을 받았다. 시라쿠사의 힘이 커짐에 따라 그 도미노 효과에 대한 두려움 때문에, 아테네 사람들은 멀리 떨어진 시칠리아를 정복하는 것이 아테네 제국을 유지하는 데 절대적으로 필요하다고 믿게 되었다. 그때까지의 번영 때문에 아테네 사람들은 자신들의 성공 가능성에 대해 과신했고, 전쟁을 치러야 할 이유도 지나치게 이상화했다. 그 결과 전쟁에서 이기기 위해 요구되는 엄청난 노력과 잔혹성을 과소평가했기 때문에, 그 원정은 비극으로 끝나고 말았다.

분별력 있는 사람이면, 살상을 하지 않고도 상대를 무력화하는 총탄과 같은 기술적 발전이 있더라도 사상자가 없는 전쟁이란 신화에 불과함을 알 것이다. 클라우제비츠가 말한 것처럼 전쟁이란 곧 불확실성 (uncertainty)을 의미하며, 그것은 마찰(friction, 계획과 실재 간의 괴리), 우연성(chance) 그리고 무질서(disorder)를 특징으로 한다. 미 해병대 중장 폴 반 라이퍼에 따르면, 미군은 앞으로 "사막에서부터 정글, 그리고 적대자들이 들끓는 인구 밀집 도시지역에 이르기까지" 다양한 환경에서 작전을 수행해야 할 것으로 보인다. 요컨대 기술적 우위를 확보하기가 쉽지 않은 환경 말이다.[21] 레이저 및 전자광학 유도무기라 하더라도 밀집한 나무들을 통과해 목표를 추적할 수는 없고, 도시에서 민간인 사상자가 발생하는 것을 피할 수 없다. 심지어 그것들이 잘 작동된다 하더라도 컴퓨터 기반의 감지 및 감청 기기는 넘쳐나는 데이터들로 군사조직을 혼란에 빠뜨릴 수도 있다. 더 많은 정보가 수집됨에 따라 단순한 정보와 실질적인 지식 사이의 구분은 더욱 어렵게 될 수 있다. 로버트 맥나마라(1961-1968년의 미국 국방장관—옮긴이)의 예측적 세계관(predictive universe)은 그것의 계량적인 접근방식 및 게임이론 가정들과 함께, 미국이 베트남 전쟁의 수렁 속으로 더욱더 깊이 빠져들게 했다. 전적으로 기술에만 의존하게 되면 순진하거나 오만하게, 현명한 판단에 필수적인 현지의 역사, 전통, 지형적 조건, 그리고 다른 여러 요소들을 거의 고려하지 않게 된다.

클린턴 정부에게는 다행하게도, 베오그라드의 세르비아 사람들은 북베트남 사람들과는 달랐다. 그들은 서구의 폭격으로 급수시설이 파괴되자 이내 항복했다. 어쩌면 우리 서구 사람들 역시 만약 적이 상수도, 전화, 그리고 전기를 파괴했다면 패배를 인정했을 것이다. 하지만 파괴될 물리적 시설들을 거의 소유하고 있지 않은 전사들도 그 정도로 연약할 것이라고 기대해서는 안 된다. 치명상을 입히지는 않는 총탄, 구토와 설사를 유발하는 음파장치는 개별 특수 부대의 작전에는 도움이 될 수도 있지만, 전사들은 그런 식의 폭력 회피를 약함으로 해석하고 전의를 다질 것이다.

미 공군 대령 찰스 던랩은 "미래의 전쟁은 한층 더 야만스럽게 되지 덜 하지는 않을 것이다. '신 절대 전쟁(neo-absolutist war)'을 벌이는 적은 온갖 끔찍한 전쟁수단을 다 동원할 수 있을 것이다. … 미군의 최첨단 무기의 효력을 약화시키고 또 무력화시키기 위해 다양한 낮은 수준의 기술들을 동원할 것이다"라고 서술한다.[22] 적은 인질을 잡을 것이고, 정밀폭격을 받을 가능성이 있는 주요 물자들을 학교나 병원에 갖다놓을 수도 있다. 그런 적들이 보기에 미국의 도덕적 가치, 즉 부차적 피해에 대한 두려움은 미국이 가진 최악의 약점인 것이다. 고대인들의 가장 진지하고도 가슴 아픈 진실은 정치적, 군사적 미덕을 개인의 도덕적 완전성과 갈라놓는 거대한 골이 있었다는 점이다. 그러한 진실은 21세기를 정의하는 데도 도움이 될 수도 있다. 왜냐하면 첨단 기술 전쟁을 치르면서도 우리는 무엇은 옳고, 또 무엇은 불행히도 불가피한지를 선택해야 하기 때문이다.

던랩 대령에 따르면, 또 다른 문제는 세계적인 언론과 우리의 적들이 부지불식간에 공모를 하게 되는 상황이다. 던랩과 다른 안보 분석가들은 자신들만의 정찰위성을 가진 거대 언론 그룹의 등장을 예상하고 있다. 예컨대 버지니아의 에어로뷰로 오브 맥린(Aerobureau of McLean) 사는 이미 비행 뉴스시설을 가동하고 있다. 여러 대의 위성비디오, 오디오, 데이터 연결장치, 회전카메라 등을 장착한 항공기를 보유하고 있으며, 카메라를 장착한 지상 차량을 원격으로 작동시키는 능력도 갖추고 있다. 던랩은 묻는다. "미래의 적들이 값비싼 정보 장비를 갖추는 데 돈을 쓸 필요가 있을까? 언론이 '가난한 적들의 정보 기관' 역할을 할 텐데 말이다."

언론은 더 이상 단순히 제4의 권력이 아니다. 언론 없이는 정부의 다른 3개의 권력은 정직하게 그리고 효과적으로 운영될 수가 없다. 기술의 발전과 합병으로 언론은 그 스스로 세계적인 세력이 되고 있다. 언론은 미국의 정책에 엄청나게 영향을 끼치면서도 정작 그 결과에 대해서는 아무런 책임을 지지 않기 때문에 언론의 힘은 변덕스럽고 또 위험하다. 언론이 도덕적으로 완벽할 수 있는 것은 정치적으로 아무런 책임을 지지 않기 때문이다.

미국이 독립국이 되었을 때부터 언론은 정직한 정부를 만들려고 노력했다. 따라서 국민들에게 해외에서 벌어지는 인권 문제에 대해 경각심을 불러일으키는 것은 언론의 역할로 적합한 것이다. 그러나 정부에 정책을 지시하는 것은 적절하지 않다. 특히 관료들이 언론보다도 훨씬 낮은 수준의 이타심을 갖고 업무를 수행해야만 하는 상황에서는 특히 그렇다. 정치인의 일차적인 책임은 자신의 국가에 대한 것이지만 언론은 보편적 관점에서 생각한다. 소말리아 사태에 대한 세계 언론의 감정적인 보도는 미국의 개입을 유도하게 되었는데, 그러나 그것은 애초부터 잘못 정의된 것이었기에 베트남 전쟁 이래 최악의 참사로 이어졌다. 그리고 그 참사는 정책결정자들이 르완다에 대한 개입을 주저하도록 만들었다. 끊임없는 위기의 세상에서, 정책결정자들은 클라우제비츠가 말하는 전쟁의 '불확실성'에 뛰어들 가치가 있다고 믿는 장소와 때에 대해 매우 선택적이지 않으면 안 된다.

———

미래의 전쟁이, 여러 측면에서 고대의 전쟁처럼 될 것이라고 예견되는 것처럼, 군사 동맹의 성격과 애초에 전쟁을 하게 되는 이유도 마찬가지일 것이다. 만약 유럽이 미국으로부터 진정으로 독립적인 군대를 배치하기라도 한다면, 그것은 미국으로 하여금 그에 대응하여 러시아 및 다른 강대국들과 가까워지도록 할지도 모른다. 그러므로 앞으로 유럽의 군대는 나토에 대해 준예속 상태에 있게 될 것이다. 펠로폰네소스 전쟁에서와 마찬가지로 동맹관계가 유동적인 세계에서는 힘의 균형이라는 말이 또다시 부각될 것이다.

휴고 그로티우스의 '정의로운 전쟁' 개념은, 기독교 국가가 정당하게 전쟁을 치를 만한 상황을 정의하려 했던 중세의 성 아우구스티누스와 같은 신학자들의 사상을 반영한 것이다. 그로티우스의 '정의로운 전쟁'은 도덕률을 강제할 수 있는 리바이어던―교황 혹은 신성로마제국 황제―의 존재를 전제로 했다. 그러나 정의에 대한 보편적인 심판자가 없는 세상에서는, 전쟁이 정의로운가 혹은 정의롭지 않은가 하는 논의는 지적 혹은 법리적으로만 의미가 있을 뿐이다. 국가들과 다른 정치적 실체들―미국이든 혹은 스리랑카의 타밀족 게릴라든―은 전쟁이 전략적으로나 도덕적으로, 혹은 두 가지 면에서 다 이득이 된다고 판단되면 전쟁을 할 것이고, 다른 국가들이 그 침략을 정의롭지 못한 것으로 본다 해도 신경 쓰지 않을 것이다. 여론조사에 따르면, 그리스의 유권자 가운데 90퍼센트 이상이 세르비아에 대한 서구의 공습을 '정의롭지 않다'고 생각했다. 하지만 서구는 '정의로운 전쟁'에 대한 그리스 사람들의 생각을 무시했고, 자신들이 옳다고 또 필요하다고 판단한 대로 했다. 그리스 사람들은 국익이 무엇인지를 규정하는 데 자신들이 판단한 도덕적 기준을 적용했다. 세르비아인들은 같은 그리스 정교도일 뿐만 아니라 그리스와는 역사적으로 맹방이었다. 하지만 전시에는 모든 국가들이 다 그런 것이지 그리스만 그런 것은 아니다.

호치민은 미군이 베트남에 들어가기 전에 자국의 민간인들을 최소한 1만 명이나 살해했다. 이 사실이 베트남에 대한 미국의 개입을 정의롭게 해주는가? 그럴 수도 있겠지만 그럼에도 미국의 개입은 실수였다. 멕시코와의 전쟁 또한 정의롭지 못한 전쟁이었다. 사실 그 전쟁은 순전히 영토 확장의 야심 때문이었다. 하지만 그것은 싸울 가치가 있는 전쟁이었다. 미국은 텍사스와 캘리포니아를 포함하여 남서부 전체를 획득했다.

19세기와 마찬가지로 21세기에도 우리는 만약 전쟁이 절대로 필요하고 또 그렇게 하는 것이 분명 이득이 있다고 판단되면 언제라도 특공대를 침투시키든 혹은 적의 사령부에 컴퓨터 바이러스를 침투시키든 교전에 들어갈 것이고, 사후에 그것을 도덕적으로 정당화할 것이다. 그것은 냉소적으로 볼 일이 아니다. 미국 외교정책의 도덕적 기초는 국제법이라는 절대적인 요소가 아니라 국가와 그 지도자의 성향에 의존하게 된다.

그럼에도 국가와 다른 실체들이 미래에 어떻게 전쟁에 접근할 가능성이 있는지를 설명해주는 모델이 하나 있다. 그것은 고대의 결투 예법(code of honor)에 기초한 오래된 모델인데, 마이클 린드의 글에 설명되어 있다.[23] 린드에 따르면, 원시사회, 무법천지의 국경마을, 그리고 조직범죄의 세계에서 권리 침해(injustice)는 항상 피해자가 스스로 해결했거나 혹은 그들의 강력한 보호자가 나서서 해결했다. 따라서 약자의 안전은 권력을 휘두르는 보호자의 의사에 맡겨져 있다. 강한 나라와 약한 나라 사이의 봉건적 관계는 아득한 옛날부터 세계 정치의 특징이었다. 심지어 오늘날에도 독일이나 일본과 같은 비군사적 경제 강국, 산유국 쿠웨이트 같은 틈새국가, 그리고 싱가포르 같은 무역국가는 미국이 군사적 안전을 제공하는 서구세계의 질서 속에서 특정 기능을 수행하고 있다.

법의 지배가 이루어지는 곳에서는 모욕을 당해도 폭력에 의지하지 않아도 된다. 하지만 무법 사회에서 모욕을 받아들인다는 것은, 그 다음에 공격을 불러올 수 있는 약함으로 비춰진다. 리바이어던이 없는 세계가 그와 비슷하다. 동맹의 지도자는 야만족 우두머리와 같은 역할을 해야만 한다. 이론상으로는 국제법이 세계정치를 지배한다. 그러나 실제로 강대국들 사이의 관계는 일종의 '코드 두엘로(Code Duello)', 즉 결투 규칙에 의해 규제된다. 린드는 "후르시초프가 제안한 '평화 공존'과 제3세계 경쟁, 그리고 핫라인의 가설은 권력 투쟁을 예의를 갖춰 하자는 것이지, 그것을 종식하려는 것이 아니다"고 말하고, 이어서 "그런 협정들은 귀족들의 결투와 관련된 세련된 규칙들에 비유될 수 있다"고 말한다. 그런 규칙은 유대 기독교적이지는 않을지 모르지만, 마찬가지로 도덕적이다. 심지어 무법의 세계에서조차 지나치게 극단적인 대응—예컨대 1982년 이스라엘이 북부 국경을 방어하기 위해 베이루트 시민 수천 명을 살해한 것—은 악의적인 폭력으로 인식될 것이고, 정당성을 결여하게 된다.

어떤 시대에도 권력에 대한 평판은 자비심에 대한 평판과 균형을 이루어야만 한다. '야만족 우두머리'는 때에 따라 (냉전시대 미국이 몇몇 독재자들을 지원한 것처럼) 비도덕적인 고객들마저도 돌보아주어야 할 수 있다. 그러나 만약 그가 그런 일을 너무 자주 하게 되면 그의 리더십은 존경을 잃게 되고, 결과적으로 권좌에서 밀려날 것이다. 앞으로 경쟁국가의 우두머리들이 그 전과는 달리—중앙 컴퓨터 통제소에 대한 기습 타격 등을 통해—암살 위험에 놓이게 될 것이고, 따라서 미래는 결투의 규칙에 완벽하게 적합한 시대가 될 것이다.

냉전시대처럼 두 강대국이 상호 예의를 갖추어 대결을 벌이는 세계 체제는, 제1강대국이 리바이어던이 아닌 상태에서 제2의 강대국들이 다수 존재하는 현재의 체제보다도 훨씬 더 안정적인 경향이 있다.[24] 20세기 이전의 유럽에서는 한 국가가 너무 강력해지면 그 나라를 견제하기 위해 다른 여러 나라들이 뭉쳤다. 하지만 그것과 정반대가 되는 경향도 역시 존재했다. 예컨대 1960년대 및 1970년대에 소련의 힘이 절정기에 이르자 많은 제3세계의 국가들이 소련에 줄을 선 경우처럼, 약소국들은 떠오르는 강국의 환심을 사야 하기 때문이다. 그런 일이 지금도 벌어지고 있는데, 과거 공산권 국가들과 개발도상국들이 미국의 민주주의적 자본주의 모델을 도입하려고 노력하는 것만 보아도 알 수 있다. 하지만 우리는 그런 긍정적인 사태 발전은 우두머리로서 미국이 가진 힘에 의지한다는 사실을 잊어서는 안 된다. 루마니아와 불가리아는 나치 독일이 떠오르자 파시즘을 도입했다. 지금 미국이 떠오르자 그 두 나라는 미국의 민주주의를 도입하고 있다. 만약 미국이 군사적으로 약해진다면, 다시 말해 만약 미국이 거세지는 전사들의 도전에 대처할 수 없게 된다면 미국의 정치적 가치는 전세계적으로 쇠퇴하게 될 것이다.

버나드 녹스는 고대 그리스인들의 말을 빌려 다음과 같이 썼다.

"과거와 현재는 우리가 볼 수 있기에 우리들 앞에 있는 반면, 미래는 볼 수 없기에 우리들 뒤에 있다."[25]

전쟁의 미래는 이미 우리들 뒤, 즉 고대 시대에 있다. 그리고 앞으로 보게 될 것이지만, 세계 지배구조(global gorvernance)의 미래도 마찬가지이다.

WARRING STATES
CHINA AND
GLOBAL GOVERNANCE

기원전 3천 년 메소포타미아 수메르의 도시국가들, 기원전 4세기 인도의 마우리아 제국, 그리고 기원전 2세기 중국의 한 제국은 모두 다양하고 광대한 영토들이 교역과 정치적 동맹을 통해 묶여 있던 정치 체제의 예들이다. 오늘날과 마찬가지로, 세계 무역이

춘추전국시대 중국과 세계 지배구조

점증하는 상황에서는 느슨한 형태의 세계 지배구조의 출현은 불가피한 것이다. 그렇게 해야만 둘 혹은 그 이상의 강대국들 사이에 큰 전쟁이 벌어지는 것을 막을 수 있다. 하지만 그런 보잘 것 없는 통합조차도 한 강대국의 중심 가치나 원칙을 필요로 하게 된다.

19

89년 베를린 장벽의 붕괴 이래 국제정치의 미래에 대한 많은 이론들이 쏟아져 나왔다. 낙관적인 이론들은 부유하고도 합리적인 사고를 하는 엘리트들이 지배적인 세력이 됨으로써 세계가 한층 더 민주주의, 인권, 그리고 경제통합으로 나갈 것이라고 암묵적으로 가정한다. 민주주의의 역기능, 문화적 충돌 그리고 무정부상태를 예견하는 비관적 이론들은 그런 엘리트들이 취약하다는 점, 특히 종종 저개발로 인해 적의를 품게 된, 의도적이고 비합리적인 일단의 행위자들을 통제할 능력이 없다는 점을 강조한다.

사회 이론들은 단선적인 경향이 있다. 사회 이론들은 정의 가능한 결론을 향해 가도록 일련의 사건들과 과정들을 서술한다. 하지만 세계는 동시성을 특징으로 한다. 서로 다른 종류의 많은 사건들과 과정들이 동시에 발생하여 상이한 방향으로 나아가고 있다. 그러므로 사회 이론은 기껏해야 유용한 실패에 지나지 않는다. 그것들은 논거를 입증하기보다는 사건들에 대한 새로운 관점들을 제시하고, 사람들로 하여금 익숙한 것들을 익숙하지 않은 관점에서 바라볼 수 있게 한다. 낙관적이거나 비관적인 이러한 모든 이론들은 동시에 서로 다른 방향으로 전개되는 세계의 어떤 중요한 추세를 포착하기 때문에, 그것들은 그 복잡성과 상호모순에도 불구하고 하나의 구체적인 주제를 갖는 합성된 세계의 모습으로 통합될 수 있다. 지금도 여전히 수긍이 가는, 마찬가지로 복잡하고도 모순적인 세계의 모습을 『펠로폰네소스 전쟁사』 제8권에서 찾을 수 있다.

———

투키디데스는 기원전 400년경 북부 그리스에서 사망할 때까지 자신의 이야기의 적절한 결론을 내리지 않았지만, 그는 어쩌면 그 전에 서술을 중단했을 수도 있다. 그리스 군도에서의 정치적, 군사적 전개가 워낙 복잡했기에 그로서는 너무 많은 부담이 되었을지도 모른다.1

『펠로폰네소스 전쟁사』의 마지막 권인 제8권은 단 하나의 간단한 이야기로 구성되어 있다. 지나치게 무리한 시도였던 시칠리아 원정이 군사적 대실패로 끝난 뒤에도 아테네 사람들이 더 많은 군함들을 건조하고 또 스파르타와의 전쟁을 계속하자 아테네의 적들은 놀라지 않을 수 없었다. 일련의 해전에서 아테네는 승리했다. 에게해 동쪽 사모스에서 아테네는 스파르타와 동맹을 맺은 과두 체제에 대한 반란을 지원함으로써 사모스를 자국의 동맹으로 편입시켰다. 그러나 또 다른 동쪽의 섬인 키오스는 스파르타의 지원을 받은 지역 세력이 아테네에 반란을 일으켜 성공을 거두었다. 그 와중에 스파르타와 페르시아는 조약을 맺었고 그 덕분에 스파르타는 몇몇 섬들을 손쉽게 획득하게 되었다. 하지만 페르시아는 아테네와도 협상을 추진하고 있었다. 아테네에서는 시민들이 민주정파와 과두정파로 나누어져 대립했고, 후자는 스파르타에 우호적이었다. 스파르타의 동맹국인 페르시아 역시 두 원로 사령관, 즉 에게해 북부의 파르나바주스(Pharnabazus) 장군과 남부의 티사페르네스(Tissaphernes) 장군 사이의 대립으로 분열되었다. 하지만 페르시아의 두 사령관들 사이의 대립이 페르시아에 끼친 피해는 아테네의 정치적 분열이 도시국가인 아테네에 미친 피해보다는 훨씬 덜 심각했다.

비록 투키디데스는 이 이야기를 완결짓지는 않았지만, 이러한 시소타기 같은 복잡성으로부터 보잘 것 없는 결말이 드러나기 시작한다.

즉, 스파르타의 승리는 실속이 없었는데, 스파르타는 페르시아의 협조 없이는 새로이 확립한 그리스 군도에 대한 패권을 유지할 수 없었으며 그리하여 페르시아라는 허약하고도 혼란에 빠진 제국의 서쪽 변경을 지켜주는 꼴이 되고 말았다.[2]

냉전 이후의 이론들을 모두 결합시켜보면 이와 비슷하게, 보잘 것 없는 결말이 드러난다. 다음은 그런 하나의 시나리오이다.

러시아와 발칸반도의 한두 국가를 제외하면, 자유민주주의는 옛 바르샤바조약기구 가입국가들에서 승리했다. 자유민주주의는 또한 라틴 아메리카의 남쪽 국가들, 동아시아의 대부분의 국가들, 그리고 몇몇 다른 지역에서도 승리했다. 비록 실제적이라기보다는 무늬뿐이지만 많은 개발도상국들에서도 자유민주주의는 종종 '혼합체제'의 형태를 취하고 있다. 멕시코는 성공적으로 선거를 치르고 있으나, 경찰 혹은 신뢰할 수 있는 법원과 같은 기관들을 구축하는 데 어려움을 겪고 있다. 그 결과 소요사태가 발생하면 거의 진압할 수 없게 되고 만다. 인도는 공식적으로는 '민주주의의 성공사례'지만, 그것은 도시의 조직 폭력배, 토호들이 좌지우지하는 선거, 용수부족, 그리고 자경단의 횡포를 제쳐놓았을 때 해당되는 말이다.

인도와 멕시코 모두 대중주의 운동으로 불타오를 가능성이 있는, 도시 빈민가의 청년실업이라는 화산 때문에 그 기반이 매우 취약하다. 그럼에도 불구하고 이 흠 많은 두 민주주의 국가들은 계속 존속하고 있으며 첨단산업을 만들어내고 있다. 인도네시아, 파키스탄, 그리고 다른 나라들은 사정이 그다지 좋지 않으며, 비록 그곳에서 들리는 소

202

식들이 소말리아식의 붕괴 같이 눈길을 끄는 것은 아니지만, 멕시코와 인도보다 만성적인 불안정의 정도가 훨씬 더 높은 편이다. 인구와 환경 문제뿐만 아니라, 문화나 문명과 관련된 스트레스도 도처에서 감지된다.

한편으로 중국에서는 도시 중산층의 확산에서 오는 압력이 더 많은 민주주의로 이어지고 있다. 그 결과는 폭력과 민족 분리주의 운동인데, 이는 자원부족에 의해 더욱 악화되고 있다. 그럼에도 불구하고, 세계화는 승리를 거두고 있다. 비록 개발도상국들에서 대중주의 운동이 일으킨 폭력적인 반발로 종종 가로막히기도 하지만 말이다. 다른 한편으로 글로벌 기업들이 지배하는 부유한 최첨단 거대도시들은 중국 동남부, 싱가포르, 메콩강 유역, 미국의 태평양 북서부, 스페인 북동부 카탈루냐 지방, 그리고 다른 여러 지역들의 특징이 되고 있다.3 베이루트 광역권, 상파울루 광역권, 그리고 인도의 방갈로르 같은 지역들은 활기찬 도시국가이지만 빈민 집단들로 인해 곤란을 겪고 있다. 기업과 빈민의 힘이 모두 증가하고 있는 가가운데, 전통적인 국가의 힘은 감소하고 있다. 하지만 러시아, 중국, 인도, 그리고 파키스탄 등에서는 국가가 비난을 개의치 않고 강경한 정책으로 대응하고 있다.

미국의 가장 골치 아픈 문제는 수년 간 계속된 미증유의 번영에 뒤이은 경제적 충격이 아니라, 경제적 번영과 민주화가 불러올 멕시코와의 긴장관계이다. 멕시코는 점점 민주적이 되고 있지만 여전히 무법상태에 있고, 가난에 시달리고 있다. 멕시코의 민주주의 때문에 미국은 멕시코를 동등하게 대우하도록 요구 받고 있으며, 대중주의자들의 압력을 받고 있는, 멕시코의 선출된 정부는 미국이 들어줄 수 없는 요구를 하고 있다. 이렇듯 상당히 상이한 두 사회가 위험천만한 속도로 통합되고 있다. 그 결과 장기적으로는 긍정적이지만 단기적으로는 위기를 초래할 사회적 혼란이 국경의 이쪽과 저쪽에서 발생할 것이다. 민주화와 문명충돌을 포함하여, 통합 세계의 충격들이—좋든 나쁘든, 창조적이든 파괴적이든—멕시코와 미국의 순조롭지 않은 역사적 통합 속으로 밀려들고 있다.

사하라 사막 이남 지역과 중동과 남아시아의 일부 지역에서는 폭력적 충돌사태들이 벌어지고 있는데, 마치 20세기 유럽에서 겪었던 것과 같은 방식으로 전개되고 있다.[4] 그렇지만 개발도상 지역들에 만연한 무정부상태는 세계의 지도자들로 하여금 국제 기구들을 강화하고 확대하도록 압력을 가하고 있다. 세계 지배구조(world governance)는 현실이 되고 있으나 그것이 세계정부로 이어지지는 않는다. 전쟁과 무질서의 안개 속에서 등장하는 리바이어던은 취약하고 불완전하다. 그렇긴 하지만 그것은 한번도 존재한 적이 없었던 것이다.

21세기는 20세기만큼이나 폭력적이라는 사실이 드러나고 있다. 민족 국가의 쇠퇴, 도시국가의 부상, 그리고 다수의 중첩되는 비공식적 주권들의 등장에 따라 온건한 봉건주의가 확산되고 있다. 게다가 더 많은 그리고 더 나은 세계 기구들이 정의롭지 못한 일에 대한 응징을 강화하고 있기 때문에 국내적 도덕성과 국제적 도덕성의 차이는 좁혀지고 있다. 지금 세상은 고대의 페르시아 제국에 비해 그 통합된 정도가 더하지도 덜하지도 않다. 고대 사회를 가까이 들여다볼수록 우리는 새로운 세계에 대해 더 많은 것들을 배우게 된다.

기원전 3000년 메소포타미아 수메르의 도시국가들, 기원전 4세기 인도의 초기 마우리아 제국, 그리고 기원전 2세기 중국의 한 제국 등은 다양하고 멀리 떨어진 영토들을 교역과 정치적 동맹을 통해 효과적으로 상호 연결시키고, 그것을 통해 그들의 행동을 규제하고 유사한 도덕기준을 가지도록 했던 정치 체제의 사례들이다.5

그들에겐 '국가의 이유(raison d'etat)' 대신에, 그와 비슷한 '체제의 이유(raison de systeme)'가 있었다. 다른 대안은 혼란밖에 없기 때문에 그들은 체제가 유지되도록 하는 것이 최고의 도덕이라고 믿었다. 홉스가 나중에 우리에게 말해주는 것처럼, 폭력에 의한 죽음의 공포는 사람들로 하여금 질서를 위해서 자신들의 자유의 일부를 포기하도록 했으며, 이는 종종 느슨한 형태의 제국 체제로 이어졌다.

고대 수메르는 파라오가 다스리던 이집트와는 달리, 단일 제국이 아니라 페르시아만에 근접한 남부 메소포타미아 지역에 산재한 최소한 12개의 독립적인 성곽 도시들의 집합체였다. 우르(Ur), 키시(Kish), 에레크(Erech), 그리고 니푸르(Nippur) 등의 도시들은 각각 개성이 뚜렷했으며 상업도시였고, 지배적인 신이 존재했으며 전략적 이해관계도 각기 달랐다. 하지만 그들은 모두 같은 문화와 언어로 통합되어 있었다. 물론 영토, 용수, 그리고 상거래 규제와 관련된 분쟁은 불가피했다. 해결책은 이집트에서와 같은 절대주의도, 비수메르 국가들과의 관계의 특징인 완전한 독립도 아니었다. 그보다는 패권이라고 부를 수 있는 하나의 체제가 출현했다.

한 도시국가는 자신의 힘을 바탕으로 다른 도시국가들 간의 분쟁을 중재했는데, 그것은 다른 이웃 도시국가가 강성해져 패자의 자리를 승계할 때까지만이었다. 기원전 2800년부터 2500년까지 도시국가 키시, 에레크, 우르, 라가시는 패자의 자리를 놓고 다투었다. 비록 그 다툼이 수메르 전체가 쇠퇴하는 결과를 가져왔지만(수메르는 나중에 이웃 나라인 엘람Elam과 아카드Akkad에게 정복당했다), 그럼에도 불구하고 그것은 각각의 도시국가에게 상당한 정도의 주권을 허용하면서도 통합을 유지할 수 있게 한 효과적인 체제였다.

대조적으로, 기원전 4세기 경의 인도는 공동체들이 훨씬 더 복잡하게 얽혀 있었다. 그중 많은 공동체들이 독립적이었지만 힌두교라는 공통점으로 통합되어 있었으며, 서로 간의 교역과 정치적 교류를 통해 형성된 촘촘한 규칙들에 의해 제약을 받았다. 각 도시국가의 생존은 주변 국가들과의 관계에 달려 있었기에, 여기서도 역시 '체제의 이유' 가 최고의 정치적 도덕이 되었다. 분명 강한 국가들은 약한 국가들을 지배하려 했지만, 지배에 성공한 경우에도 종속국의 일상적인 교역이나 풍습에까지 개입하지는 않았다. 하지만 수메르와는 달리 인도에서는 패권국이 없었기 때문에 정치는 훨씬 더 혼란스러웠다. 그런 상황은 기원전 321년 찬드라 굽타(Chandra Gupta)가 인도 북동부를 기반으로 제국을 건설하면서 바뀌었는데, 그 제국은 인도 아대륙 대부분으로 세력을 확장했고, 그리스와 페르시아 제국의 방식들에 의존했다.

찬드라 굽타의 수석고문은 카우틸리아라는 사람으로 정치적 고전인 『아르타 샤스트라』(국가의 책Book of the State)의 저자였다. 카우틸리아의 책은 비록 표현은 거칠지만 인간 본성에 대해 예리한 통찰력 때문에 마키아벨리의 『군주론』에 비유되어 왔다. 마키아벨리와 마찬가지로 카우틸리아는 자신이 "정복자"라고 부른 군주가 어떻게 다양한 도시국가들 사이의 관계를 잘 이용함으로써 제국을 건설할 수 있는지를 보여준다. 그는 자국과 국경을 접한 어떤 도시국가도 적으로 간주해만 하는데, 그 까닭은 자국이 제국을 도모하는 과정에서 정복해야 하기 때문이라고 말한다.

하지만 자국과는 멀리 떨어져 있으면서 적과는 국경을 맞댄 도시국가는 우방으로 간주되어야 하는데, 그 까닭은 그 나라는 자국의 안보를 위협함이 없이 적에 대항할 때 이용할 수 있기 때문이다. 바로 이런 전략 개념이 1970년대 초 닉슨과 키신저로 하여금 마오쩌둥의 중국을 우방으로 간주하도록 만들었다. 왜냐하면 중국은 미국의 적, 즉 소련과 국경을 마주하고 있었고, 미국은 소련으로부터 위협을 당하고 있었기 때문이다.[6] 카우틸리아의 조언은 도덕적인데, 그가 말한 대로 정복의 목적이 안정의 창출을 통한 각 도시국가들의 행복이기 때문이다. 그의 글에 따르면, 정복된 영토는 그전과 같은 방식으로 통치되어야 하고, 그들의 생활방식은 존중되어야 한다. 그리고 조공을 받아내기보다는, 복종에 대한 보상으로서 세금을 피정복민들에게 되돌려주어야만 한다.

찬드라 굽타가 카우틸리아의 도움으로 세운 제국은 엄청나게 광범위한 영역에 걸쳐 안전을 보장했고, 그 영역들에서는 교역이 번성했다. 당시의 육상 및 해상 이동의 속도를 감안하면, 그 제국은 펠로폰네소스 전쟁 당시의 그리스처럼, 오늘날의 전세계에 맞먹는 크기다.

그러나 지배 하에 있는 영토들이 독립적이면서 동시에 상호의존하게 만든 고대의 지배체제 가운데 가장 흥미로운 사례는 중국이다. 그리스, 수메르, 인도, 그리고 중동 지역의 문명들은 모두 다른 제국들(특히 페르시아)로부터 영향과 충격을 받았으나, 중국은 그 자체가 하나의 우주였으며 그 주변의 유목민족들은 그 궤도를 돌고 있었다.

기원전 12세기 말부터 기원전 8세기 초까지, 중국의 중심부는 웨이허강을 따라 세력을 형성한 주 왕조가 느슨하게 통치하는 봉건 체제였다. 종주국 주나라는 1770개에 달하는 많은 봉토들을 간접적으로 지배했는데, 각각의 봉토는 주둔병 대장 혹은 황족이 통치했다. 기원전 770년, 권력투쟁으로 쇠약해진 주나라 수도는 이민족들에게 약탈당했다. 비록 봉건 체제는 살아남았지만 봉토들은 점점 더 독립적으로 되어갔다.

차츰 여러 강대국들이 등장했는데, 그 가운데 남부의 초나라와 북부의 진나라(晉)가 특히 강했다. 이 두 나라보다는 다소 약하지만 자신의 소제국을 운영할 정도로 상당히 강한 나라들이 진나라(秦)와 동부의 제나라였다. 그리하여 기원전 6세기에 이르자 이 네 나라 사이에 힘의 균형이 이루어졌다. 또한 초나라나 정나라와 같은 중형 국가들의 증대하는 영향력을 견제하기 위해 국가 간 반패권 연맹도 등장했다. 정나라는 경계심이 많은 정부와 강력한 군대를 가진 나라로서 자국의 입지를 개선하기 위해 초나라와 반 초나라 연맹 사이에서 14번이나 동맹 관계를 바꾸었다. 하지만 각국은 다른 나라들과의 동맹을 필요로 했기 때문에 일종의 체제가 출현하였고, 이는 중국의 군사적, 정치적 통합을 촉진시켰다. 이러한 과정은 무역과 도시의 성장에 의해 그리고 봉건 제도가 표준화된 관료 제도로 대체되면서 더욱 강화되었다.

5세기에 들어와 초나라는 다시 도전을 받았는데, 이번에는 남쪽의 이웃인 오나라와 월나라로부터였다. 월나라는 떠오르는 강국이었다. 그 동안 진나라(晉), 또 다른 진나라(秦), 그리고 제나라 모두 내부의 권력투쟁으로 쇠퇴했다. 중국 정치의 복잡성은 더욱더 심해졌다. 반세기 동안의 무질서가 끝나고 7개의 주요 국가와 그보다 약한 6개 국가가 자리를 잡았다. 춘추 시대(기원전 770-403)를 살아남은 유일한 왕조는 초나라뿐이었는데, 초나라는 비록 남부의 국가였지만 북쪽 국가들의 문화에 동화되었다. 이는 정치적 분열에도 불구하고 중국 전역에서 진행되는 통합 과정의 일부였다.

춘추시대를 뒤이은 것은 "전국시대(Warring States)"로 알려진 또 다른 권력 투쟁의 시기(기원전 475-221)였다. 이 시기는 백가쟁명의 시대였다. 다음 2천 년 동안 중국을 특징짓게 될 다양한 문화 양식들과 관료 구조들이 이 시대에 개발되었다. 이 시대에는 또한 위대한 철학자들도 등장했는데, 그 가운데는 『손자병법』을 쓴 손자와 유가 사상가인 순자(기원전 325-238년경)도 있었다. 순자의 가장 유명한 격언은 "인간의 본성은 악하다. 인간의 선함은 오직 교육을 통해서만 얻어질 수 있다"라는 것이었다. 이는 홉스나 해밀턴이 썼을 그런 류의 말이다.

전국 시대 동안 이루어진 중국의 문화적, 관료적 통합으로 강대국의 숫자는 7개로 줄어들고 기원전 3세기 중반에는 다시 3개로 줄어들었다. 남부의 초나라, 서부의 진나라, 그리고 동부의 제나라가 그들이었는데, 진나라와 제나라는 오랫동안의 내부 권력투쟁을 거친 후 재등장했다. 기원전 223년 진나라는 두 경쟁국가를 정복하고 중국 역사상 최초의 통일 제국을 건설했다. 하지만 기원전 206년 반란이 일어나 진

왕조는 한 왕조로 대체되었다. 한 왕조는 그 후 400년 이상 존속했고 전 중국을 아우르는 최초의 대제국이 되었다.

한 제국은 수도에 있는 황제가 전권을 휘두르는 단일 전제정치 체제가 아니었다. 그보다는 많은 정치가들과 제도들—군왕들, 군벌세력 등—이 조화를 이루는 방식이었다. 치열한 권력투쟁에도 불구하고, 전국시대의 개별 나라들은 수백년 간의 문화적, 정치적 통합을 겪으면서 그들 자신들보다 더 큰 체제의 다양한 요소들로 진화했다. 만약 우리가 전세계의 축소판으로서 고대 중국을 바라본다면, 어쩌면 21세기는 초기 한 제국과 대략 비슷할지도 모른다. 즉, 한 제국은 전국시대의 수많은 전쟁과 무정부상태로부터 등장한 세계 체제였다.

영국의 외교관이었던 애덤 왓슨은 『국제사회의 진화』에서 고대 그리스, 수메르, 인도, 그리고 중국에서의 정치적 통합은 항상 법과 제도들을 만들어내기 위한 공통의 문화적 기반을 필요로 했다고 서술하고 있다.8 오늘날 세계는 문화적으로 다양하지만, 다른 한편으로는 단일한 중산층 세계시민 문화(upper-middle class cosmopolitan culture)가 형성되고 있다. 이런 새로운 세계 문화가 확대되는 것과 마찬가지로 국제적 기관들도 그럴 것이다. 현대 국가가 산업사회의 중산층과 함께 등장한 것과 마찬가지로, 이런 세계시민 계층의 확산은 궁극적으로 국가들 자체의 초월을 가져오게 될 것이다.

그리고 20세기의 가장 강력한 국가들이 자국 국민들의 필요를 충족시키기 위한 '규모의 경제'를 갖추었던 것과 마찬가지로, 새로운 세계 시민들의 특별한 필요는 세계적 차원의 규모의 경제를 요구할 것이다.

그 경우 국가들과 지역들은 이런저런 범위의 제품들에 특화해야 할 것이다. 그와 같은 식으로, 인류는 고대 그리스, 수메르, 인도, 그리고 중국의 체제를 전세계적 차원에서 재구축함으로써 역사에서 주기적으로 반복되어온 대립과 충돌을 막을 수 있을지도 모른다.

나는 마르크스에겐 미안하지만, 역사에 하나의 고정된 방향이 있다고 말하려는 게 아니다. 또한 역사가 반복의 연속이라고 말하려는 것도 아니다. 나는 단지 18세기에 몽테스키외가 그랬던 것처럼, 비록 희미하기는 하지만 세계가 '최소한의 국제적 도덕성'을 향해 일정한 방향으로 나아가고 있으며, 그리고 몇몇 큰 패턴들은 인식 가능하다는 점을 말하려는 것이다.[9]

———

어떤 식이든 느슨한 세계 지배구조의 등장은 아마도 불가피할 것이다. 미국과 중국 같은 둘 또는 그 이상의 강대국들 간의 대전쟁을 막을 구조 말이다. 사하라 사막 이남의 아프리카 지역 그리고 다른 여러 지역에서의 혼란이 주요 국제기구들의 통합과는 무관하게 계속될지도 모르지만, 한편으로 동시에 그것을 압박하게 될 것이다. 아프리카에서 새로운 전쟁이 발발할 때마다 제네바나 워싱턴 같은 곳에서 국제회의가 빈번히 개최되는데, 그것은 다음 회의 때는 보다 나은 해결책을 강구하도록 참석자들을 자극할 것이다. 이런 식으로 국제조직과 다국적 구조 부대는 진화할 것이고 또 성숙해질 것이다. 미국과 같은 강대국들은 스스로 과중한 부담을 지지 않기 위해 국제기관들에게 책임을 위양할 것이다. 그것은 국가 이익을 위해서 보편적 도덕성이라는 이름 아래 추진될 것이다.

하지만 세계 정치 통합의 가능성이 곧 그것의 유용성을 의미하는 것은 아니다. 유럽연합(EU)은 하나의 체제이다. 그러나 유럽연합이 성공을 거둘지 아니면 맥빠진 관료적 전제정치로 전락할지는 여전히 불확실하다. 기원전 3세기 진나라의 시황제는 역사상 처음으로 중국을 통일했지만, 그가 채택한 법가주의—경직된 관료적 통제를 옹호하는 사상—는 20년도 채 안 되어서 제국의 몰락을 초래했다. 그와는 반대로 한 제국은 400년을 이어갔는데, 그 까닭은 한이 법가주의의 장점과 전통과 중용을 강조하는 유교주의를 혼합했기 때문이었다 대담한 (inspiring) 유럽연합이 될지 혹은 다소 전제적인 유럽연합이 될지, 진시황의 억압적인 법가주의에 의한 통합이 될지 혹은 한 제국의 보다 진보적인 유교주의에 의한 통합이 될지, 세계 체제가 서구 민주주의의 가치를 반영할지 혹은 반영하지 않을지는 세계에 대단히 중요한 영향을 미치게 된다.

기억할 것은 펠로폰네소스 전쟁의 종결로 얻게 된 그리스의 통일이 필연적으로 문명을 발전시키지는 않았다는 사실이다. 그 이유는 그리스의 통일은 스파르타와 그 동맹국인 페르시아에 의해 아테네의 민주주의가 패배했음을 의미했기 때문이다. 그러나 전국시대의 국가들이 한 제국의 유교적 가치체제에 편입된 것은 바람직한 것이었다. 오늘날 세계적 차원에서 그와 같은 일은 오직 미국에 의해서만 가능하다.

영국의 정치철학자 E. H. 카(1892-1982)는 "진정으로 정부를 국제화한다는 것은 권력을 국제화한다는 것을 의미한다"[10]고 말했다. 권력은 진공상태에서 만들어지지 않는다. 1945년 유엔의 창설만으로 유엔이 힘있는 기관이 된 것도 아니고 심지어 유용한 기관이 된 것도 아니었다. 비록 그 역사가 60년이나 되었지만, 유엔이 성공적으로 기능을 수행한 것은 강대국, 특히 미국으로부터 암묵적인 승인을 받은 범위 내에서였다. 유엔이 진정 독자적으로 행동할 때가 있는데, 그것은 어떤 강대국도 그 문제에 개입하는 것이 자국에 이익이 된다고 보지 않기 때문이다. 마찬가지로 국제기관들의 한껏 높아진 새로운 위상—예컨대, 헤이그의 전쟁 범죄 재판소—은 만약 서구가 군사적, 정치적으로 냉전에서 승리하여 소련의 국제적 영향력을 없애지 않았다면 불가능했을 것이다. 전쟁 범죄 재판소 같은 국제기구들은 서구 권력의 연장이지 그것을 대체한 것이 아니다.

"역사적으로 세계 사회에 대한 과거의 모든 접근은 단일 강대국이 가진 우세함의 산물이었다"고 E. H. 카는 말한다.[11] 그것이 변했다는 신호는 없다. 세계화란 미국식 기업 관행의 확산을 의미하는 것이며, 각국은 필요에 따라 그것을 채택하는데, 좋은 것도 있고 나쁜 것도 있다. 민주주의의 승리는 물론이고 그러한 미국적 모델이 세계를 지배하기까지는 소련에 맞선 수십 년의 긴 투쟁을 필요로 했다. 그러한 투쟁은 광범위한 비밀 공작과 핵무기 시스템을 수반하기도 했는데, 그것은 보편적 도덕성의 관점에서 항상 설명되거나 정당화될 수 있는 것은 아니었다.

그리고 미국의 힘이 지속되려면, 미국은 자신이 권장하고자 하는 보편적 사회의 이타주의 대신에 훨씬 더 낮은 수준의 이타주의에 기초해 행동해야 할 것이다. 미국의 애국주의—국기에 대한 존중, 독립기념일 축하 등등—는 충분히 오랫동안 유지되어야만 한다. 궁극적으로 그런 애국심을 구식으로 만들, 세계 문명의 출현을 가져올 수 있을 때까지 말이다. 보다 큰 개인의 자유 그리고 한층 더 나은 민주주의는 보편적 사회의 산물일 수도 있지만, 그것들은 전적으로 민주주의에 의해서만 창출될 수는 없다. 결국 200개가 넘는 국가들, 게다가 국가는 아니지만 그 못지 않은 영향력을 가진 수백 개의 세력들은 수많은 협소한 이해관계들을 의미한다. 그리고 그것들은 강력한 패권국의 조율 장치 없이는 더 큰 이해관계로 발전할 수 없다.

서구가 냉전에서 승리한 것의 보상은 단지 나토를 확대하거나 혹은 한 번도 선거를 치러본 적이 없는 지역에서 민주적 선거를 치르는 것만이 아니라, 그보다 훨씬 더 광범위한 것이다. 다른 나라가 아니라 바로 미국이 국제 사회의 조건을 정한다는 것이다. 조셉 콘래드가 제1차 세계대전 중 친구에게 한 말과 같이, 우리가 싸우는 목적은 구체적으로 말해 의회 민주주의가 아니라 "어떤 식으로든 생각하고 발전할 자유"이다.[13]

처칠의 가장 탁월한 현실 인식은 영국이 황혼에 접어들었다는 사실, 그리고 자국과 가치를 공유하는 또 다른 더 강력하고 떠오르는 강국, 즉 미국이 자신의 자리를 차지할 차례가 되었다는 사실을 인지한 것이다. 처칠은 프랭클린 루스벨트에게서 체임벌린이 보지 못한 그 무엇을 보았다. 처칠은 루스벨트를 자신과 함께 히틀러를 무찌르고, 훗날 영국이 역사로부터 명예롭게 물러날 수 있게 해줄 위대한 정치인으로 보았다.

하지만 오늘날의 미국은 그러한 사치를 누릴 수 없다. 미국의 힘과 가치 둘 다를 갖춘 신뢰할 만한 세력은 어디에도 보이지 않는다. 유엔 혹은 연합된 국제조직들이 언젠가는 그런 세력이 될 수도 있을 것이다. 그러나 그것도 결코 확실한 것은 아니다. 칸트는 '영구평화론'에서 자유를 사랑하는 국가들의 연합체라는 비전을 제시했지만, 보편적 조직을 제시한 것은 아니다. 그러므로 미국으로서는 앞으로 수십 년이 외교정책에 있어 가장 중요한 시기가 될 것이다.

————

한 세기 동안의 처참한 유토피아적 희망들은 우리를 폭력적 공격에 시달리는 소수 민족들과 약소 민족들이 의지할 수 있는, 가장 일반적인 보호 형태인 제국주의로 다시 돌아가게 했다. 유대인들은 터키의 술탄에 의해 지역의 다수 민족이 자행하는 피의 학살로부터 보호 받았으며, 보스니아의 무슬림들은 뒤늦게나마 서구의 제국적 연합군에 의해 보호를 받기도 했다. 미국의 반제국주의 전통에도 불구하고, 그리고 제국주의가 공공 토론을 통해 정당성이 거부되었음에도 불구하고, 제국적 현실은 이미 미국의 대외정책을 지배하고 있다. 보스니아와 코소보에 주둔한 나토의 임무가 과거 로마군대와 합스부르크 왕조가 친숙해했을 제국적 보호가 아니고 달리 무엇인가? 대표적 우익 논객인 패트릭 부캐넌이 미국은 공화국이지 제국이 아니라고 말한 것은 틀렸다. 미국은 확실히 둘 다에 해당된다.

그와 같은 비전통적인 미국 제국이 가진 바로 그 약점과 유연성은 오히려 강점이 되기도 한다. 이런 새로운 지배의 위력은 대외적으로 그것을 선언하지 않음으로써, 그리고 유엔의 자기 기만적이고 의례적인 덫에 빠지지 않음으로써 나오게 될 것이다. 하버드 대학 케네디 스쿨의 학장 조셉 나이는 미국의 연성 패권(soft hegemony)에 대해 이야기한다. 손자는 가장 강력한 전략적 포지션은 "형체가 없는 것 (formless)"이라고 말한다. 그것은 어디에나 존재하고 또한 어디에도 존재하지 않기 때문에, 적이 공격하기 어려운 포지션이다.[14] 미국의 지배(American imperium)는 그와 같아야 할 것이다. 마치 기원전 401 년 혼란에 빠진 페르시아 제국의 가장 깊숙한 곳까지 쳐들어가면서, 매 단계마다 자유롭게 토론했던 크세노폰(기원전 431~350년경)의 민주 적 그리스 군대처럼, 그것은 "움직이는 정치체(a polity on the move)" 로 기능해야 할 것이다.[15]

어떤 제국적 군대도 그토록 명백히 다민족적이면서, 피보다는 헌법 의 가치들로 묶여진 경우는 없었다. 미국의 특수부대가 먹는 즉석식량 가운데는 이슬람교도용으로 할랄(halal) 라벨이 붙은 것도 있고, 유대 인용으로 코셔(kosher) 라벨이 붙은 것도 있다. 미군 합참본부의 참모 중 한 명인 에릭 신세키(Eric Shinseki) 장군은 일본계 미국인으로서, 그의 가족들은 제2차 세계대전 동안 미국 포로수용소에서 지냈었다.

그러나 이처럼 다민족적인 미국이 자신의 지배 영역을 확장하는 것 은 단지 교묘하게만 추진될 수 있다. 왜냐하면 단 한 번의 전쟁에서라 도 (예컨대 타이완 해협에서) 대규모로 미군이 살상된다면 국제주의에 대한 대중의 의욕이 사라져버릴 것이기 때문이다. 미국의 대외정책에 서 승리주의(triumphalism)는 설 자리가 없다. 따라서 미국의 이상들이 지구 저편 먼 곳의 필요들에 부응하고자 한다면, 그것들은 보다 덜 경 직적이고 보다 더 유연해져야 할 것이다. 전 국가안보 보좌관 즈비그 뉴 브레진스키는 "민주주의는 제국적 동원에 대해 적대적이다"라고 경고하는데, 그 까닭은 그런 동원에는 불가피하게 경제적 손실과 인명 희생이 따르기 때문이다.[16] 실제로 미국 민주주의가 갖고 있는 억제력은 미국이 세계 곳곳에서 진정한 민주적 전환을 요구하고 추진하는 것을 어렵게 한다. 미국은 오직 은밀함과 불안한 선견력(anxious foresight)을 통해서만 안전한 국제 체제를 구축할 수 있다.

TIBERIUS

진정한 용기와 독립적인 사고는 과거 사례들에서 찾아볼 수 있다. 위대한 지도력은 언제나 신비로운 성격과 관련이 있다. 많은 비방을 받았던 로마의 제2대 황제 티베리우스만 봐도 그렇다. 티베리우스는 재임 전반기 동안은 전임 황제인 아우구스투스가 남긴 제도들과 제국의 영토를 유지하는 데 힘을 쏟으면서, 한편으로 칼리굴라와 같은 후계자들의 실정을 견뎌낼 수 있을 만큼 그것들을 안정된 상태로 남겨놓았다. 티베리우

티베리우스 황제:

미국은 21세기의 로마 제국이 될 것인가

스는 새로운 도시를 세운 적도, 영토를 넓힌 적도 없으며, 대중의 인기를 얻으려고 노력하지도 않았다. 그는 군사기지를 보강함으로써 로마의 영토를 더욱 굳건히 했고, 로마에 유리한 평화를 유지하기 위해 외교와 무력의 위협을 병행했다. 티베리우스는 처칠이나 페리클레스와는 달리 영감을 불러일으키는 역할 모델은 아니다. 하지만 그 자신이 강점을 가진 영역에서는 놀랍도록 훌륭한 역할 모델일지도 모른다.

미 국이 지배하는 영역이 더욱 넓어질수록, 기술 및 과학 분야 고 위 관료들의 급속한 확대와 함께 미국 문명이 더욱더 복잡해 질수록, 정치가들은 고립주의에 한층 더 편안함을 느끼게 된다. 미국 의 정치 및 군사 제도들의 규모와 복잡성 자체가 미국의 정치가들을 너무도 취약하게 만들기 때문에, 미국의 구원은 자기 휘하의 전문가들 (specialists)을 겁 내지 않는 다방면의 지식을 가진 인재들(generalists) 에게 달려 있게 된다.

진정한 용감성과 사고의 독립성은 위대한 고전들에 나오는 과거의 사례들에서 가장 잘 찾아볼 수 있다. 처칠이 대영제국을 지켜내는 데 일조를 한 것은 그가 리비우스와 같은 이들로부터 가져온 고결한 애국 주의(virtuous patriotism)였다. 미국의 제국은 영국의 제국과는 근본적 으로 다르긴 하지만, 세계 공동체를 구축하는 일은 그런 영감으로부터 도움을 얻게 될 것이다.

성공적인 지도력은 언제나 신비로운 성격들에 둘러싸여 있다. 케임 브리지 대학의 고대 역사 교수 제임스 스미스 라이드(James Smith Reid)는 브리태니커 백과사전 1911년 판에, 기원후 1세기 로마의 악명 높은 황제 티베리우스에 대해 다음과 같이 기술했다.

그의 불가해한 성격의 대가는 그에 대한 폭넓은 혐오와 의혹이 었었다. 하지만 그의 방어막 뒤에는 강력하고, 냉정하고, 명료하 고, 그리고 모든 기만을 꿰뚫어 보는 혜안이 있었다. 일찍이 그 와 같은 정신적 통찰력(mental vision)을 가진 사람들은 드물었 고, 아마도 그는 다른 사람들의 약점 혹은 자신의 약점에 대해

티베리우스

한 번도 속은 적이 없었을 것이다. 티베리우스는 국가의 모든
부문에서 천재성이 아니라 근면과 헌신의 미덕으로 자신의 능
력을 증명했다. 그의 마음은 너무도 천천히 움직였고 또 너무도
오랫동안 숙고했기 때문에 사람들이 종종 그를 우유부단한 사
람으로 오해하도록 만들었다. 실제로 그는 가장 집요한 사람들
가운데 한 명이었다. 그의 성격의 중요한 측면은, 그가 어릴 적
에 고위직의 로마인이 어떠해야 하는지에 대한 어떤 이상을 스
스로 설정했으며, 그 이상을 철저히 고수했다는 사실에 있다.
티베리우스가 자신의 영토에 대해 쏟은 정성은 이루 말할 수 없
었다. 그가 좋아했던 격언은 "좋은 양치기는 양들의 털을 깎아

야지, 양들과 놀아서는 안 된다"라는 것이었다. 그가 죽었을 때 그는 제국의 신민들이 일찍이 누리지 못했고 그 후로도 다시는 누리지 못할 번영을 남겨놓았다.[1]

티베리우스가 남긴 제국의 유산은 그가 상속받은 부의 20배나 되었다. 그는 검투사 경기를 금했고, 황제의 이름을 따서 달(month)을 명명하는 것과 같은, 제국의 기이한 개인 숭배 관습들을 중단시켰다. 티베리우스에 대한 악평은 주로 그의 통치 기간 후반, 즉 나이든 황제가 권력을 근위 대장에게 맡기고 "자신의 두려움 때문에 사람들을 살상할 마음을 먹게 된" 때부터 비롯된다.[2] 서기 23년부터 그가 죽은 해인 37년까지 티베리우스는 최악의 폭군으로 전락했는데, 그는 자신이 칩거하던 카프리 섬의 여러 저택들 주위에 수많은 감옥과 고문실을 만들었으며, 호위병들과 아첨꾼들에 둘러싸여 살았다. 그의 잔인성은 도가 지나쳤다. 비록 그것이 부분적으로는 정신질환 때문이라 하더라도 말이다. 그러니까 그를 유능한 지도력의 역할모델로 볼 수 있는 것은 그의 통치 시기 전기인 기원후 14년부터 23년까지이다. 불행히도, 그가 황제로 있은 지 9년이 지난 시점에서 권력을 평화롭게 물려줄 어떤 방법도 존재하지 않았다.

하지만 티베리우스는 전임자인 아우구스투스가 물려준 여러 제도와 제국의 영토를 잘 보존했으며, 또한 그것들을 충분히 잘 다져서 물려주었기 때문에 칼리굴라(12-41)와 같은 무능한 후계자들의 실정을 견뎌낼 수 있었다. 옥스퍼드 대학의 역사학 교수 바바라 레빅(Barbara Levick)은 "티베리우스의 태도는 현실주의적이었으며, 심지어 비관적이라고 할 수 있을 정도로 인간의 운명, 인간의 본성, 그리고 정치에 대해 망상을 갖지 않았다"라고 서술한다.[3] 그는 새로운 도시들을 거의 건설하지 않았고, 영토도 더 넓히지 않았으며, 대중의 변덕에 개의치 않았다. 그보다는 로마가 이미 소유한 영토에 군사기지를 보강함으로써 그것을 더욱 튼튼하게 했으며, 로마에 유리한 평화를 유지하기 위해 외교와 무력적 위협을 병행했다.[4] 레빅은 "티베리우스가 법을 중시하게 된 뿌리는 그가 인간의 본성을 악하게 본 데 있다"라고 말한다. 티베리우스는 로마가 처한 상황에서 원로원은 오직 황제의 압도적인 군사력에 의해서만 보호될 수 있다는 사실을 깨달았다. 그렇지만 궁극적으로 티베리우스를 몰락시키고, 그가 저지른 많은 실수들과 잔인한 행동의 원인이 된 것은 절대권력에 따른 긴장이었다.[5]

처칠이나 페리클레스와는 달리 티베리우스는 영감을 불러일으키는 역할모델은 아니지만, 그의 강점은 한 번쯤 검토해볼 가치가 있다. 많은 역사가들의 견해로는, 로마가 서구에서 그토록 오래 존속할 수 있었던 것은 티베리우스 덕분이라고 한다.

미국의 미래의 지도자들은 그들의 불굴의 정신과 예리한 통찰력, 그리고 연성(soft)의 제국적 영향력을 통해 세계의 먼 곳까지 번영을 가져다줄 능력 덕분에 찬사 받기보다는 오히려 문제를 일으킬 수도 있다. 미국의 외교정책이 성공적일수록 미국은 세계에서 더 많은 영향력을 갖게 될 것이다. 그러므로 미래의 역사가들은 미국이 로마 혹은 역사상 다른 모든 제국들과 비교하여 그 모습이 아무리 다르다 해도, 21세기의 미국을 공화국이자 제국으로서 평가할 가능성이 매우 크다. 왜냐하면 앞으로 수십 년 그리고 수백 년이 흐르고 나면, 미국은 43명이 아닌 백수십 명 혹은 심지어 150명이 넘는 대통령을 갖게 되고, 그들은 역사적으로 사라진 제국들—예컨대 로마 제국, 비잔틴 제국, 오스만 제국 등—의 통치자들처럼 긴 리스트에 기록되게 될 터이기에, 그러한 고대와의 비교는 사라지기보다는 늘어나게 될 것이다. 특히 로마 제국은 무질서한 세계에서 어느 정도의 질서를 유지하기 위해 다양한 수단을 사용한 패권국의 모델이다. 그것이 바로 마키아벨리, 몽테스키외, 기번이 로마에 대해 그다지도 관심을 기울인 이유이기도 하다.[6] 올리버 웬델 홈스(1809-1894)는 미국인들을 "현대 세계의 로마인들"이라고 부른 적이 있다.

물론 기원후 1세기와 21세기 사이의 차이에 대해 끝도 없이 나열할 수 있을 것이다. 하지만 요즘처럼 통치자에게 필요한 속성들 가운데 자신의 능력의 한계에 대한 정확한 인식에 기초한 겸손보다 더 중요한 것이 없으며, 거기에서 최선의 계책(the finest cunning)이 나오게 된다. 프랭클린 루스벨트는 고립주의적인 공화당 의원들이 다수를 차지하고 있는 의회가 자신을 지지하지 않을 것임을 알아차렸기 때문에, 히틀러와의 전쟁을 부정하면서도 동시에 미국으로 하여금 전쟁에 더 가까이 가도록 꾸준히 그리고 암암리에 행동했다. 마찬가지로, 기원후 5-10년 사이에 독일과 보헤미아 지방에서 펼쳐진 티베리우스의 작전은 그를 로마제국 체제의 핵심적인 설계자로 만들었다. 하지만 황제가 된 후 변방지역에 대한 그의 정책은 신중했다. 기원후 28년 독일 북부 저지대 야만족에 대한 성급한 공격으로 로마는 많은 병력 손실을 입게 되었는데, 티베리우스는 대중들로부터 복수 압력을 받는 것을 피하기 위해 사상자에 대한 소식을 고의로 숨겼다. 티베리우스의 가장 큰 강점은 그가 로마의 약점을 인식하고 있었다는 사실이다.[7] 티베리우스 치하에서 "변방을 지키는 로마 병사들의 임무는 국경 너머의 민족들이 서로를 파괴하는 것을 지켜만 보는 것에 국한되었다." 로마로서는 그와 같은 "노련한 비개입(masterly inactivity)을 통해 오랫동안 지속된 평온을 성취했다."8 물론 미국은 그 정도로 개입을 안 할 수는 없다. 그럼에도 불구하고, 미국이 신중하면 신중할수록, 미국은 더욱 더 성공을 거두게 될 것이다.

21세기가 시작된 지금, 세계 언론들은 권력을 가진 국가들이 직면하고 있는 도전들과 엄중한 역설적 상황에 대해서는 아무런 관심을 보이지 않고, 힘없는 자들에게만 동정의 눈길을 보내는 보다 안전한 미덕 쪽을 택하고 있다. 하지만 미국의 위대한 대통령들은 현명한 힘의 사용이 진일보를 위한 가장 확실한 지침이라는 사실을 알고 있었다. 백악관 서쪽 건물의 루스벨트룸은 중요 참모회의가 자주 개최되는 장소로서, 26명의 대통령들이 좋아했던 경구들과 더불어 다음과 같은 시어도어 루스벨트 대통령의 말이 새겨진 현판이 있다.

> "권리를 위한 과감한 투쟁은 세상에서 가장 고상한 스포츠이다
> (Aggressive fighting for the right is the noblest sport the world affords)."

사실 이 경구는 투키디데스, 마키아벨리, 혹은 처칠이 한 말이었을지도 모른다. 그 현판 옆, 그 방의 조그만 벽난로 위에는 1906년 루스벨트가 러일전쟁의 종전을 중재한 공로로 받은 노벨평화상이 유리 액자에 담겨 있다. 루스벨트는 유럽에 대한 러시아의 영향력 증대를 두려워했기 때문에 일본이 러시아 함대를 격파한 사실을 반겼다. 하지만 그는 러시아가 몰락하기보다는 약해지기만을 바랐는데, 그 이유는 일

본을 묶어두려는 속셈이었다. 그것이 루스벨트가 중재에 나선 이유였다. 애국적 미덕—중국과 지중해의 위대한 고대 문명만큼이나 오래된 원칙—을 실천하는 힘의 정치는 백악관에 걸려 있는 노벨평화상이 진정으로 존중하는 것이다. 미국의 냉전 정책이 그런 관점의 한 변형이었을 만큼, 그 원칙이 쓸모 없어지는 일은 없을 것이다.

미국에 민주주의가 없다면 미국은 존재 가치가 없다. 미국은 피의 본거지가 아니라 자유의 본거지이기 때문이다.9 그러나 그 어느 때보다 가까워지고, 더 위험해진 넓은 세계에 민주주의의 씨앗을 현명하게 심어두기 위해서는 미국은 반드시 민주적이지는 않지만 가치가 있는 이상들을 적용해야만 할 것이다. 우리가 과거의 진리에 대해 존경심을 가지면 가질수록, 과거로부터 멀리 떨어져 있는 우리의 여정은 더욱더 확실해질 것이다.

| 참고문헌 |

Aristotle, *The Politics of Aristotle*. Translated by Peter L. Phillips Simpson. Chapel Hill: University of North Carolina Press, 1997.

Aron, Raymond. *Peace and War: A Theory of International Relations*. Translated by Richard Howard and Annette Baker Fox. Garden City, N.Y.: Doubleday, 1966.

Berlin, Isaiah. *Four Essays on Liberty*. Oxford, Eng.: Oxford University Press, 1969 (essay copyrights 1950 through 1969).

Berlin, Isaiah. *The Proper Study of Mankind: An Anthology of Essays*. Edited by Henry Hardy and Roger Hausheer. Foreword by Noel Annan. New York: Farrar, Straus and Giroux, 1998 (essay copyrights 1949 through 1990).

Bowra, C. Maurice. *The Greek Experience*. New York: World, 1957.

Brzezinski, Zbigniew. *The Grand Chessboard: American Primacy and Its Geostrategic Imperatives*. New York: Basic Books, 1997.

Burckhardt, Jacob. *The Civilization of the Renaissance in Italy*. Translated by S.C.G. Middlemore. New York: Random House (1878) 1954.

Carr, Edward Hallett. *The Twenty Years' Crisis, 1919-1939: An Introduction to the Study of International Relations*. London: Macmillan, 1939.

Chan-kuo Ts'e(전국책). Translated and annotated, and with an Introduction by J.I. Crump. Oxford, Eng.: Clarendon, 1970. See also Ian P. McGreal's *Great Literature of the Eastern World*. New York: HarperCollins, 1996.

Churchill, Winston S. *The River War: An Historical Account of the Re-*

Conquest of the Soudan. 2 vols. London: Longmans, Green, 1899. Republished by Prion (London, 1997), and in the original two-volume format, with commentary, maps, illustrations, etc., by St. Augustine Press (South Bend, Ind., 2002).

Cicero. *Selected Works*. Translated with an Introduction by Michael Grant. New York: Penguin, 1960.

Clausewitz, Karl von. *On War*. Translated by O. L. Matthijs Jolles. New York: Random House, 1943.

Confucius. *The Analects*. Translated by Raymond Dawson. New York: Oxford University Press, 1993.

Djilas, Milovan. *Wartime*. Translated by Michael B. Petrovich. New York: Harcourt Brace Jovanovich, 1977.

Felix, Christopher. *A Short Course in the Secret War*. New York: Dutton, 1963.

Finer, S. E. *The History of Government from the Earliest Times*. New York: Oxford University Press, 1997.

Flanzbaum, Hilene. *The Americanization of the Holocaust*. Baltimore, Md.: Johns Hopkins University Press, 1999.

Friedrich, Carl J., and Zbigniew K. Brzezinski. *Totalitarian Dictatorship and Autocracy*. Cambridge, Mass.: Harvard University Press, 1956.

Fromkin, David. *Kosovo Crossing: American Ideals Meet Reality on the Balkan Battlefields*. New York: Free Press, 1999.

Gilbert, Martin, and Richard Gott. *The Appeasers*. Boston: Houghton Miffin, 1963.

Gray, John. *Berlin*. New York: Fontana/HarperCollins, 1995.

Gray, John. *Liberalism: Concepts in Social Thought*. Minneapolis: University of Minnesota Press, 1995.

Gress, David. *From Plato to NATO: The Idea of the West and Its Opponents*. New York: Free Press, 1998.

Hamilton, Alexander, James Madison, and John Jay. *The Federalist Papers*. Introduction by Clinton Rossiter. New York: New American Library (1788) 1961.

Handel, Michael I. *Masters of War: Classical Strategic Thought*. London: Frank Cass, 1992.

Herodotus. *The Histories*. Translated by Aubrey de Selincourt. New York: Penguin, 1954.

Hobbes, Thomas. *Leviathan*. New York: Norton (1651) 1997.

Homer. *The Iliad*. Translated by Robert Fagles. Introduction and notes by Bernard Knox. New York: Penguin, 1990.

Howard, Michael. *The Invention of Peace: Reflections on War and International Order*. New Haven, Conn: Yale University Press, 2001.

Huntington, Samuel P. *Political Order in Changing Societies*. New Haven, Conn.: Yale University Press, 1968.

Huntington, Samuel P. *The Soldier and the State: The Theory and Politics of Civil-Military Relations*. Cambridge, Mass.: Belknap/ Harvard University Press, 1957.

Ibn Khaldu'n. *The Muqaddimah: An Introduction to History*. Translated by Franz Rosenthal. Princeton, N.J.: Bollingen/Princeton University Press, 1958.

Ignatieff, Michael. *Isaiah Berlin: A Life*. New York : Holt, 1998.

Ignatieff, Michael. *Virtual War: Kosovo and Beyond*. New York: Holt, 2000.

Judt, Tony. *The Burden of Responsibility: Blum, Camus, Aron, and the French Twentieth Century*. Chicago: University of Chicago Press, 1998.

Kagan, Donald. *On the Origins of War and the Preservation of Peace*. NewYork: Doubleday, 1995.

Kagan, Robert. "The Benevolent Empire." *Foreign Policy*. summer 1998.

Kant, Immanuel. *Groundwork of the Metaphysics of Morals*. Translated by Mary Gregor. Introduction by Christine M. Korsgaard. New York: Cambridge University Press (1785) 1997.

Kant, Immanuel. *Perpetual Peace and Other Essays on Politics, History, and Morals*. Translated by Ted Humphrey. Indianapolis: Hackett, (1784-1795) 1983.

Kapstein, Ethan B., and Michael Mastanduno. *Unipolar Politics: Realism and State Strategies After the Cold War*. New York: Columbia University Press, 1999.

Kennan, George F. *At a Century's Ending: Reflections, 1982-1995*. New York: Norton, 1996.

Kennan, George F. *Realities of American Foreign Policy*. Princeton, N.J.: Princeton University Press, 1954.

Kissinger, Henry. *Diplomacy*. New York: Simon & Schuster, 1994.

Kissinger, Henry. *Years of Renewal*. New York: Simon & Schuster, 1999.

Landes, David S. *The Wealth and Poverty of Nations*. New York: Norton, 1998.

Ledeen, Michael A. *Machiavelli on Modern Leadership: Why Machiavelli's Iron Rules Are as Timely and Important Today as Five Centuries Ago*. New York: St. Martin's, 1999.

Levick, Barbara. *Tiberius: The Politician*. London: Routledge (1976) 1999.

Lind, Michael. *Vietnam: The Necessary War*. New York: Free Press, 1999.

Livy. *The War with Hannibal: Books 21-30 of The History of Rome from Its Foundation*. Translated by Aubrey de Selincourt. Introduction by Betty Radice. New York: Penguin, 1965.

Luttwak, Edward N. "Toward Post-Heroic Warfare." *Foreign Affairs*. May-June 1995.

230

McGreal, Ian P. *Great Thinkers of the Western World.* New York: HarperCollins, 1992.

Machiavelli, Niccolo. *Discourses on Livy.* Translated by Julia Conaway Bondanella and Peter Bondanella. New York : Oxford University Press (1531), 1997.

Machiavelli, Niccolo. *The Prince.* Translated by Russell Price. Introduction by Quentin Skinner. New York: Cambridge University Press (1532) 1988. See also translation by Angelo Codevilla, New Haven, Conn.: Yale University Press, 1997.

Malthus, Thomas Robert. *An Essay on the Principle of Population.* Edited by Philip Appleman. New York: Norton (1798) 1976.

Manchester, William. *A World Lit Only by Fire: The Medieval Mind and the Renaissance; Portrait of an Age.* Boston: Little, Brown, 1992.

Mansfield, Harvey C. *Machiavelli's Virtue.* Chicago: University of Chicago Press, 1966.

Martinich, A. P. *Thomas Hobbes.* New York: St. Martin's, 1997.

Montesquieu. *The Spirit of the Laws.* Translated and edited by Anne M. Cohler, Basia Carolyn Miller, and Harold Samuel Stone. New York: Cambridge University Press (1748) 1989.

Morgenthau, Hans J. *Politics Among Nations: The Struggle for Power and Peace.* New York: Knopf (1948) 1978.

Murray, Williamson. "Clausewitz Out, Computers In: Military Culture and Technological Hubris." *The National Interest.* Summer 1997.

Niebuhr, Reinhold. *The Irony of American History.* New York: Scribner's, 1952.

Novick, Peter. *The Holocaust in American Life.* Boston: Houghton Mifflin, 1999.

Oakeshott, Michael. *Rationalism in Politics and Other Essays.* Indianapolis: Liberty Fund (1962) 1991.

Ortega y Gasset, Jose. *The Revolt of the Masses.* Translated by Anthony

Kerrigan. South Bend, Ind.: University of Notre Dame Press (1932) 1985.

Ortega y Gasset, Jose. *Toward a Philosophy of History*. New York: Norton, 1941.

Pangle, Thomas L., and Peter J. Ahrensdorf. *Justice Among Nations: On the Moral Basis of Power and Peace*. Lawrence: University Press of Kansas, 1999.

Peters, Ralph. *Fighting for the Future: Will America Triumph?* Mechanicsburg, Pa.: Stackpole, 1999.

Plutarch. *The Lives of the Noble Grecians and Romans*. Vols. 1 and 2. Translated by John Dryden (1683-86). Edited and revised by Arthur Hugh Clough (1864). New York: Modern Library, 1992.

Polybius. *The Rise of the Roman Empire*. Translated by Ian Scott-Kilvert. New York: Penguin, 1979.

Qian, Sima. *Records of the Grand Historian: Han Dynasty I and II, Qin Dynasty*. Translated by Burton Watson. New York: Columbia University Press, 1961.

Rahe, Paul A. *Republics Ancient and Modern*. Vol. 1, *The Ancient Regime in Classical Greece*. Vol. 2, *New Modes-Orders in Early Modern Political Thought*. Vol. 3, *Inventions of Prudence: Constituting the American Regime*. Chapel Hill: University of North Carolina Press, 1994.

Rahe, Paul A. "*The River War:* Nature's Provision, Man's Desire to Prevail, and the Prospects for Peace." In *Churchill as Peacemaker*, edited by James W. Muller. Cambridge, Eng.: Cambridge University Press, 1997.

Sallust. *The Jugurthine War*. Translated by S. A. Handford. New York: Penguin, 1963.

Schlesinger, Arthur M., Jr. *The Cycles of American History*. Boston: Houghton Miffin, 1986.

Schorske, Carl E. *Thinking with History: Explorations in the Passage to Modernism.* Princeton, N.J.: Princeton University Press, 1998.

Seneca. *Moral and Political Essays.* Edited by John M. Cooper and J. F. Procope. Cambridge, Eng.: Cambridge University Press, 1995.

Smart, J.J.C., and Bernard Williams. *Utilitarianism: For and Against.* Cambridge, Eng.: Cambridge University Press, 1973.

Solzhenitsyn, Aleksandr. *November 1916: The Red Wheel/Knot II* Translated by H. T. Willetts. New York: Farrar, Straus and Giroux, (1984) 1999.

Strassler, Robert B., ed. *The Landmark Thucydides: A Comprehensive Guide to the Peloponnesian War.* New York: Free Press, 1996.

Strauss, Leo. *The Political Philosophy of Hobbes: Its Basis and Its Genesis.* Translated by Elsa M. Sinclair. Chicago: University of Chicago Press (1936, 1952) 1966.

Sun-Tzu. *The Art of Warfare.* Translated by Roger T. Ames. New York: Ballantine, 1993.

Swift, Jonathan. *Gullivers Travels.* NewYork: Knopf (1726), 1991.

Tacitus. *The Histories.* Translated by Kenneth Wellesley. New York: Penguin, 1964.

Thucydides. *The Peloponnesian War.* Translated by Thomas Hobbes (1629). Chicago: University of Chicago Press, 1989.

Toynbee, Arnold J. *A Study of History.* Oxford, Eng.: Oxford University Press, 1946.

Tuchman, Barbara W. *Stilwell and the American Experience in China, 1911- 45.* New York: Macmillan, 1970.

Virgil. *The Aeneid.* Translated by Robert Fitzgerald. New York: Random House, 1983.

Waltz, Kenneth. *Man, the State, and War.* New York: Columbia University Press, 1959.

Watson, Adam. *The Evolution of International Society: A Comparative*

Historical Analysis. New York: Routledge, 1992.

Weber, Max. *The Profession of Politics.* Plutarch Press (1920) 1989.

Wills, Garry. *Saint Augustine.* New York: Lipper/Viking, 1999.

Yourcenar, Marguerite. *Memoirs of Hadrian.* New York: Farrar, Straus and Giroux (1951) 1963.

Zakaria, Fareed. "Is Realism Finished?" *The National Interest.* Winter 1992-93.

저자 서문

1. Richard Francis Burton. *Wanderings in West Africa from Liverpool to Fernando Po* (Mineola, N.Y.: Dover, 1991), pp. 20-21.

01 '현대' 세계란 없다

1. 마오쩌둥은 중국에서 거의 30년 동안 권력을 잡았고, 3천 5백만 명의 민간 인들이 희생당했다. 소련의 공산체제 하에서는 6천 2백만 명의 민간인이 희생당했다. 나치 치하의 독일에서는 희생자가 2천 1백만 명에 이르렀다. Rudy J. Rummel. "Statistics of Democide," *The Economist*, Sept. 11, 1999.

2. *Federalist No. 6*

3. 전세계 평균적으로 1인당 소득은 연간 0.8% 증가했으나, 100여 개국 이 상에서는 1985년 이후 소득이 실질적으로 하락했다. 따라서 60여 개국 이 상에서는 개인의 소비도 하락했다. James Gustave Speth의 "The Plight of the Poor," *Foreign Affairs*, May-June 1999. 또한 Thomas Homer-Dixon의 *The Ingenuity Gap* (Toronto and New York: Knopf, 2000) 참조.

4. 캘리포니아 주립대 버클리 대학 사회학과 교수이자 *The Information Age: Economy, Society and Culture* 저자인 Manuel Castells의 추정.

5. 부르크하르트의 *The Civilization of the Renaissance in Italy* (New York: Random House, 1954), p. 46. 참조

6. Fareed Zakaria의 "The Rise of Illiberal Democracy," *Foreign Affairs*, Nov.-Dec. 1997. 참조

7. Memli Krasniqi (Jan. 1, 2000)가 AP 통신에 게재한 기사에서 인용.

8. David K. Taylor, Tucson 시의 인구학자.

9. James Salter의 뛰어난 기고문, "Once Upon a Time, Literature. Now What?" *The New York Times*, Sept. 13, 1999. Salter는 노벨 문학상 수상자 Don Debillo가 쓴 도시에 거주하는 대중에 관한 글에서 인용함.

10. 록펠러 대학의 인구학자 Joel E. Cohen은 2006년에는 인구의 50%가, 2050년에는 85%가 도시에서 거주할 것이라고 추정했다.

11. Winn Schwartau의 "Asymmetrical Adversaries: Looming Security Threats," *Orbis*, Spring 2000.

12. Dr. Brian Sullivan이 미 우주통합군을 위해 작성한 우주 독트린 보고서.

13. '추진력(driving forces)'과 '부작용들(sideswipes)'에 관한 개념은 Steven Bernow가 the Energy Group Tellus Institute of Boston에서 한 강의에서 사용했음. September 11. 2000, in New Paltz, New York.

14. Carl E. Schorske의 *Thinking with History: Explorations in the Passage to Modernism* (Princeton, N.J.: Princeton University Press, 1998), pp. 3-4.

15. Tony Judt가 *The Burden of Responsibility: Blum, Camus, Aron, and the French Twentieth Century* (Chicago: University of Chicago Press, 1998), p. 158에서 인용한 Raymond Aron의 글 "Clausewitz"와 "D'une Sainte famille a l'autre" 참조.

16. Barbara W. Tuchman의 *Stilwell and the American Experience in China, 1911-45* (NewYork: Macmillan, 1970), p. 123.

17. Marshall이 1947년 2월 22일 Princeton Univereity에서 행한 연설.

02 처칠의 '강의 전쟁'

1. John Keegan, "His Finest Hour," *U.S. News & World Report*, 29, 2000.

2. Isaiah Berlin이 쓴 *The Proper Study of Mankind: An Anthology of Essays* (New York: Farrar, Straus and Giroux, 1998)의 "Winston Churchill in 1940" 부분. 처칠에 관한 글은 1949년 *The Atlantic Monthly*에 최초로 게재되었다.

3. Winston S. Churchill, *The River War: An Historical Account of the*

ReConquest of the Soudan, 2 vols. (London: Longmans, Green, 1899; reprint, London: Prion, 1997, and South Bend, Ind.: St. Augustine Press, 2002).

4. Churchill, *The River War*, Prion, pp. 4-6, 63.

5. Ibid., pp. 122, 160, 161, 164, 182, 193.

6. Churchill, *The River War*, original, p. 14.

7. Churchill, *The River War*, Prion, p. 9.

8. Plutarch의 *The Lives of the Noble Grecians and Romans* (New York: Modern Library, 1992)에 대한 Arthur Hugh Clough의 1864년 서문.

9. *The River War*. Prion, p. xiii의 1933년 판에 대한 처칠의 서문.

10. James W. Muller가 편집한 *Churchill as Peacemaker* (Cambridge, Eng.: Cambridge University Press, 1997)에 Paul A. Rahe가 기고한 "*The River War*. Nature's Provision, Man's Desire to Prevail, and the Prospects for Peace," 참조. 또한 *The River War*, original, pp. 18-19 참조.

11. Churchill, *The River War*, Prion, p.69.

12 . Churchill, *The River War*, original, p. 35.

13. *Churchill as Peacemaker*, pp. 82-119에 인용된 Rahe의 글.

14. Churchill, *The River War*, original, pp. 19-20.

15. S.A. Handford가 번역한 Sallust의 *The Jugurthine War* (New York: Penguin, 1963), P. 77.

16. C. Maurice Bowra의 *The Greek Experience* (New York: World, 1957), 제2장 및 제10장 참조.

17. Rahe 참조.

03 리비우스의 '포에니 전쟁'

1. Jonathan Swift, Gulliver's Travels (New York: Knopf, 1991), p. 90.

2. Ibid., p. 55.

3. John Dryden이 번역하고, Arthur Hugh Clough가 편집한 Plutarch의 *The Lives of the Noble Grecians and Romans* (New York: Modern

Library, 1992) vols. 1과 2 참조. 플루타르크는 기독교 초기 시대에 살았으나 델포이의 이교도 신전의 사제였다.

4. Ibid., vol. l, p.322.

5 John M. Cooper와 J. F. Procope가 편집한 Seneca의 *Moral and Political Essays* (Cambridge, Eng.: Cambridge University Press, 1995), pp. 15, 155 참조.

6. Michael Grant가 번역한 Cicero의 *Selected Works* (New York: Penguin, 1960), p. 168.

7. Donald Kagan 교수는 *On the Origins of War and the Preservation of Peace* (New York: Doubleday, 1995), p. 281에서 "한니발 전쟁과 마찬가지로, 제2차 세계대전도 그 직전의 평화의 결함에서, 그리고 승리자들이 그들이 패전국에 강요한 합의사항을 변경하거나 적극적으로 방어하는 데 실패한 것에서 비롯되었다"고 분석했다.

8. Aubrey de Selincourt가 번역하고 Betty Radice가 서문을 쓴 리비우스의 *The War with Hannibal* (New York: Penguin, 1965), p. 182 참조. 그 외의 인용문은 1972년도 보급판에서 인용함.

9. 142권 중 35권만 남았음.

10. 브리태니커 백과사전 11판(New York, 1910-11)에서 옥스퍼드 대학 교수이자 보들레인 도서관 큐레이터인 Henry Francis Pelham이 쓴 글 참조. 베르길리우스는 호라티우스보다 승리주의를 찬양했으며, 호라티우스는 종종 권력의 허무함에 대한 인식을 보여준다.

11. Andrew Feldherr의 *Spectacle and Society in Livy's History* (Berkeley: University of California Press, 1998), p. 120 참조. 브루투스와 스카볼라(The Brutus and Scaevola) 에피소드는 리비우스의 『로마사』 제2권에 있다.

12. 리비우스의 『로마사』 제3권.

13. Feldherr, p.120.

14. *The War with Hannibal* 펭귄판에 대한 Betty Radice의 서문.

15. 리비우스의 *The War with Hannibal*, p. 23. 리비우스의 말은 *The Peloponnesian War* 제1권에서 투기디데스가 한 말을 따라 한 것임. 투키

디데스는 책을 쓴 이유가 이 전쟁이 역사상 최대의 전쟁일 것으로 여겼기 때문이라고 말한다.

16. John Keegan의 *The Mask of Command* (New York: Viking Penguin, 1987)의 히틀러 편 참조.

17. 사실, 로마가 코르시카와 사르데냐에 조기 진입한 것은 조약위반이었다. 도널드 케이건 교수는 자신의 뛰어난 저술에서 로마가 카르타고에 강요한 평화는 가장 취약한 형태였고, 패배자들을 비참하게 만들면서도 그들이 복수를 추구할 능력을 박탈하지도 않았다. *On the Origins of War*, p. 255 참조.

18. Ibid., p. 273.

19. 리비우스, *The War with Hannibal*, p. 154.

20. Ibid., pp. 154-55.

21. Susan Raven, *Rome in Africa* (London: Evans Brothers, 1969), ch.3: "The Wars Between Rome and Carthage" 참조.

22. Ibid.

23. Ibid., p. 172.

24. Betty Radice의 *The War with Hannibal* 펭귄판 서문 참조.

25. 리비우스, *The War with Hannibal*, p. 120.

26. Ibid., p. 139.

27. Ibid., pp. 102-103.

28. Ibid., p.42.

29. Richard Howard 및 Annette Baker Fox가 번역한 Raymond Aron의 *Peace and War: A Theory of International Relations* (Garden City, N.Y.: Doubleday, 1966), p. 305.

30. Ibid., pp. 96-100. 제2차 세계대전과 베트남 전쟁 외에도, 마사다에서도 마찬가지였다. 서기 73년 로마 군대와 맞서 싸운 유대인 저항군은 대거 자살을 했다. 이것은 기원전 218년 스페인 사군툼의 원로원 의원들이 한니발에게 잡히기 직전 집단자살한 것과 유사하다.

1. Karl von Clausewitz, *On War*, O. L. Matthijs 역 (New York: Random House, 1943), p. 299. 모든 인용문은 손자의 *The Art of Warfare*와 합본으로 출판한 2000년 판 Modern Library의 보급판을 사용함.

2. Julia Conaway Bondanella 및 Peter Bondanella가 공역한 마키아벨리의 *Discourses on Livy* (New York: Oxford University Press, 1997), p. 30 그리고 Michael Grant가 번역한 키케로의 *Selected Works* (New York: Penguin, 1960).

3. C-SPAN이 56명의 역사학자들을 대상으로 조사하여 2000년 2월 21일 발표한 미국 대통령의 업적 평가에서 로널드 레이건 대통령은 41명의 대통령 중 11위였고, 전임인 지미 카터는 22위였으며, 카터의 후임인 조지 부시는 20위였다. 저명한 역사학자이자 분석가인 리처드 리브스(Richard Reeves)는 레이건을 최근의 대통령 가운데 지적 수준은 가장 낮았으나, 가장 효과적인 대통령으로 평가했다. *George*, February 2000 참조.

4. 비록 클라우제비츠가 칸트의 이상주의를 결국 거부했지만, 그럼에도 그는 이상주의를 접함으로써 얻는 바가 있었다.

5. 마키아벨리, *Discourses on Livy*, p. 351.

6. Raymond Dawson이 번역한 공자의 『논어』 (New York: Oxford University Press, 1993), Book 7:1, p. 24.

7. Ralph Peters가 서문을 쓴 손자의 *The Art of Warfare* (Modern Library paperback edition, 2000).

8. 공자의 『논어』 12:20, p. 47.

9. John Dryden이 번역하고 Arthur Hugh Clough가 편집한 *The Lives of the Noble Grecians and Romans* (New York: Modern Library, 1992), vol. 1의 p. 50에서 플루타르크가 Romulus와 Theseus를 비교한 부분 참조.

10. 손자의 『손자병법』, pp. 123, 125.

11. Burton Watson이 번역한 사마천의 *Records of the Grand Historian: Qin Dynasty* (New York: Columbia University Press, 1961), p. 187.

12. Jose Ortega y Gasset의 *Toward a Philosophy of History* (New York:

Norton, 1941); *History as a System* (New York: Norton, 1962), pp. 266-67.

13. Anastasia Bakolas의 Wellesley College 미발표 논문, "Human Nature in Thucydides."

14. *The Landmark Thucydides: A Comprehensive Guide to the Peloponnesian War* (New York: Free Press, 1996)의 편집자 로버트 B. 스트라슬러와의 대화. 이 책은 지도, 주석, 그리고 시간표로 가득 찬, 복잡한 전쟁에 대한 최고의 안내서이다. 니키아스의 평화에 대한 상세한 탐구는 Donald Kagans의 *The Peace of Nicias and the Sicilian Expedition* (Ithaca, N.Y.: Cornell University Press, 1981) 참조.

15. Thomas Hobbes가 번역한 Thucydides의 *The Peloponnesian War* (Chicago: University of Chicago Press, 1989); W. Robert Connor의 *Thucydides* (Princeton, N.J.: Princeton University Press, 1984); 그리고 Bakolas의 "Human Nature in Thucydides" 참조.

16. Ibid.

17. 투키디데스의 *The Peloponnesian War*, V:89, p. 365. 홉스의 아름답지만 난해한 번역에 따르면, "우리 모두는, 논쟁을 통해서는 필요가 동등할 때만 정의가 합의된다는 사실을 안다. 반면 힘을 가진 자는 자신들이 얻을 수 있는 만큼 얻어내며, 약자는 그들이 양보할 수 있을 만큼 그러한 조건에 양보한다." 여기서는 Richard Crawley가 1874년에 번역한 *The landmark Thucydides*, p. 352를 참조했다.

18. *The Peloponnesian War*, IV:65; *The Landmark Thucydides*, p. 258.

19. Peter Green의 *Classical Bearings: Interpreting Ancient History and Culture* (Berkeley: University of California Press, 1989), p. 24.

20. Geoffrey Hartman의 *A Critics Journey* (New Haven, CT.: Yale University Press, 1999), "The Reinvention of Hatred" 참조.

21. 전쟁이 어떻게 인간이 가진 최악의 측면을 끌어내는가의 사례는 *The Peloponnesian War*, III:82; *The Landmark Thucydides*, pp. 199-200 참조.

22. Richard Howard 및 Annette Baker Fox가 공역한 Aron의 *Peace and*

War: A Theory of International Relations (Garden City, N.Y.: Doubleday, 1966), p. 321 ; Anthony Kerrigan이 번역한 Ortega y Gasset의 *The Revolt of the Masses* (South Bend, Ind.: University of Notre Dame Press, 1985), p. 129 ; 그리고 Clausewitz의 *On War*, p. 357 참조.

23. Ian McGreal이 번역한 손자의 *Great Literature of the Eastern World* (New York: HarperCollins, 1996).

24. Aron의 *Peace and War*, p. 300.

25. Ibid., p. 307.

26. Gress의 *From Plato to NATO: The Idea of the West and Its opponents* (New York: Free Press, 1998), p. 1.

05 마키아벨리의 미덕

1. Ian P. McGreal이 편집한 *Great Thinkers of the Western World* (New York: HarperCollins, 1992)에 Lawrence F. Hundersmarck 교수가 기고한 마키아벨리에 대한 글 참조. 기독교 사상에 대한 마키아벨리의 비판은 니체의 비판과 관련이 있다. 니체는 기독교 사상이 유약함과 선함을 동일시함으로써 비록 간접적이긴 하지만, 나태와 평범함을 정당화했다고 믿었다.

2. Harvey C. Mansfield, *Machiavelli's Virtue* (Chicago: University of Chicago Press, 1996), pp. 20, 33.

3. Tony Judt의 *The Burden of Responsibility: Blum, Camus, Aron, and the French Twentieth Century* (Chicago: University of Chicago Press, 1998), p. 150에 인용된, Aron이 *Esprit*에 기고한 글 참조.

4. *A Great Wall: Six Presidents and China: an Investigative History* (New York: The Century Foundation/Public Affairs, 1999)에 실린 *The New York Times* Beijing bureau chief인 Patrick Tyler의 설명 참조.

5. "What Is the Timor Message?" *The Wall Street Journal*, Sept. 29, 1999.

6. 이사야 벌린의 *The Proper Study of Mankind* (New York: Farrar,

Straus and Giroux, 1998) 중 "the Originality of Machiavelli" 참조. 몽테스키외 역시 "정치적 미덕"과 "기독교적 미덕"을 구분했다. Anne M. Cohler, Basia Carolyn Miller, Harold Samuel Stone이 공역한 *The Spirit of the Laws* (New York: Cambridge University Press, 1989), p. xii 참조.

7. 살루스티우스의 공적 미덕(public virtue)에 대한 오랜 논쟁에 대해서는 D. C. Earl의 *The Political Thought of Sallust* (Cambridge, Eng.: Cambridge University Press, 1961).

8. Russell Price가 번역한 *The Prince*의 부속 참조. 또한 John Dryden이 번역하고 Arthur Hugh Clough가 편집한 Plutarch의 *The Lives of the Noble Grecians and Romans*, vol. 1 (New York: Modem Library, 1992), p. 291 참조.

9. Miller가 쓴 "American Playhouse" *Harper's*, June, 2001.

10. Mansfield의 *Machiavelli's Virtue*, p. 61.

11. Roger T. Ames가 번역한 손자의 *The Art of Warfare* (New York: Ballantine, 1993), p. 74.

12. William Manchester의 *A World Lit Only by Fire: The Medieval Mind and the Renaissance*, First paperback edition, p. 100.

13. Jacques Barzun의 *From Dawn to Decadence: 500 Years of Western Cultural Life, 1500 to the Present* (New York: HarperCollins, 2000), p. 256에서 인용. 또한 Harvey C. Mansfield와 Laura Banfield가 공역한 마키아벨리의 *Florentine Histories* (Princeton, N.J.: Princeton University Press, 1991) 참조.

14. Barzun, p. 256.

15. Ibid., p. 258.

16. Harvey C. Mansfield 교수는 마키아벨리를 "*the* man of the Renaissance"로 표현했다. Mansfield의 *Machiavelli's Virtue*, p. 9 참조.

17. Thomas C. Schelling의 *Arms and Influence* (New Haven, Conn.: Yale University Press, 1966).

18. 링컨의 두 번째 연두교서(December 1962).

19. Mark Grimsley의 *The Hard Hand of War: Union Military Policy Toward Southern Civilians, 1861-1865* (New York: Cambridge University Press, 1995).

20. The Fraser Institute의 "Economic Freedom of the World," *The Economist*, Sept. 11, 1999.

21. *Federalist No. 6.*

22. *Federalist No. 14, No. 10.*

23. Mansfield의 *Machiavelli's Virtue*, p. 88.

24. Ibid. 마키아벨리의 아이디어는 완전히 새로운 것은 아니다. 예컨대, 투키디데스는 페리클레스의 "선견력"(pronoia)을 예찬했다.

06 운명 결정론과 개입: 국제 문제에 개입할 것인가, 말 것인가

1. Ian Scott-Kilvert가 번역한 Polybius의 *The Rise of the Roman Empire* (New York: Penguin, 1979), pp. 183-84 참조.

2. 식민통치 후 알제리아의 인구는 매 세대마다 두 배로 증가했다. 한편 도시 거주자들은 연간 5% 이상 증가했다. Population Reference Bureau and the World Bank 참조.

3. UNDP에서 매년 발행하는 다양한 인간 개발지수 참조.

4. 벌린의 *Four Essays on Liberty* (Oxford, Eng.: Oxford University Press, 1969)에 실린 글.

5. Norman Stone의 "There Is No Such Thing as Inevitability," *The Sunday Telegraph*, Feb. 28, 1999.

6. Burton Watson이 번역한 사마천의 *Records of the Grand Historian: Han Dynasty I and II, Qin Dynasty* (New York: Columbia University Press, 1961), pp. 12-13.

7. Toynbee의 *A Study of History* (Oxford, Eng.: Oxford University Press, 1946), p. 247.

8. 벌린의 *The Proper Study of Mankind* (New York: Farrar, Straus and Giroux, 1998)에 실린 "From Hope and Fear Set Free" 참조.

9. Albert Wohlstetter의 "Bishops, Statesmen, and Other Strategists on

the Bombing of Innocents," *Commentary*, June 1983 참조. Bruce Russett, Samuel Huntington,Brent Scowcroft가 쓴 답변서 Wohlstetter 의 답신(December 1983 발행) 참조.

10. John Lukacs의 *Five Days in London, May 1940 in The National Interest*에 대한 Michael Howard의 리뷰, Spring 2000.

11. Edmund Morris의 Dutch: *A Memoir of Ronald Reagan* (New York: Random House, 1999), p. 413.

12. Michael Ignatieff의 *Isaiah Berlin: A Life* (New York: Holt, 1998), 특 히 p. 24 참조.

13. 이 글은 Berlin의 *Four Essays on Liberty*에 실려 있음.

14. Ignatieff의 *Isaiah Berlin*, p. 200.

15 Berlin의 *The Proper Study of Mankind* 중 "The Counter-Enlightenmen" 참조.

16. *Four Essays on Liberty*에 대한 Berlin의 서문 참조.

17. Valerie Percival과 Thomas Homer-Dixon의 논문 "Environmental Scarcity and Violent Conflict: The Case of Rwanda," University of Toronto, 1995; "World Population Data Sheet, 1992," Population Reference Bureau, Washington, D.C.; and Stanley Meisler, "Rwanda and Burundi," *The Atlantic Monthly*, September 1973.

18. Tony Judt의 *The Burden of Responsibility*에 대한 뛰어난 리뷰글인 Daniel J. Mahoney의 "Three Decent Frenchmen" 참조. 그리고 Franciszek Draus가 편집한 *History, Truth and Liberty: Selected Writings of Raymond Aron* (Chicago: University of Chicago Press, 1985) 참조.

19. Barbara Tuchman의 *Stilwell and the American Experience in China, 1911- 45* (New York: Macmillan, 1970), p. 178 그리고 "Ghosts from China and Japan," *The Economist*, Jan. 29, 2000 참조. 난징 대학살의 추정치는 최고 30만 명에 달한다.

20. Julia Conaway Bondanella와 Peter Bondanella가 번역한 마키아벨리 의 *Discourses on Livy*, Book I (New York: Oxford University Press,

1997). 그리고 Mansfield의 *Machiavelli's Virtue* (Chicago: University of Chicago Press, 1996), p. 75 참조.

21. Mansfield, p. 116.

22. Ralph Peters의 *Fighting for the Future: Will America Triumph?* (Mechanicsburg, Pa.: Stackpole, 1999), 그리고 Joseph Conrad의 *Heart of Darkness* (1902) 참조.

07 위대한 교란자들: 홉스와 맬서스

1. Elsa M. Sinclair가 번역한 Leo Strauss의 *The Political Philosophy of Hobbes: Its Basis and Its Genesis* (Oxford, Eng.: Clarendon, 1936), p. 49 참조.

2. Hobbes 철학에 관한 나의 요약은 University of Chicago Press 1966년판 Strauss의 책에서 가져온 것이다. 홉스와 다른 여러 철학자에 대한 Strauss의 글은 Strauss를 비판한 후세대의 학자들보다 종종 훨씬 더 명료하다. 그러나 Strauss의 비판자들마저도 홉스에 대한 책만큼은 Strauss가 최고라는 것을 인정한다.

3. *Federalist No. 15* 및 *No. 51*.

4. *Federalist No. 70*.

5. Hobbes의 *De Homine* (1658). Strauss, p. 9 참조.

6. Strauss, pp. 17, 22.

7. 욥기 41:34 그리고 Hobbes, *Leviathan*, ch. 28.

8. Peter L. Phillips Simpson이 번역한 *The Politics of Aristotle* (Chapel Hill: University of North Carolina Press, 1997). 예를 들면, Book 1, chs. 1과 2, pp. 8, 12.

9. Franz Rosenthal이 번역한 Ibn Khaldu'n의 *The Muqaddimah: An Introduction to History* (Princeton, N.J.: Bollingen/Princeton University Press, 1958), ch. 1, p. 47.

10. Strauss, pp. 60-61, 그리고 *Leviathan*, ch. 17.

11. Ibid.

12. *Leviathan*, ch. 15.

13. Ibid.

14. Christina Lamb와 Philip Sherwell의 "Sandline Boss Blames Blair for Carnage in Sierra Leone," *The Sunday Telegraph*, May 14, 2000.

15. John Gray가 *Berlin* (New York: Fontana/HarperCollins, 1995), p. 141에서 인용한 Berlin의 *Four Essays on Liberty*. Berlin은 이 글을 19세기 러시아의 자유주의 지식인 Alexander Herzen의 사상을 설명하는 차원에서 썼다.

16. Huntington의 *Political Order in Changing Societies* (New Haven, Ct.: Yale University Press, 1968), p. 1.

17. Strauss, pp. 25-26.

18. 이탤릭체는 Madison의 글임. *Federalist No. 10* 참조.

19. *Federalist No. 17* 및 *Federalist No. 38*. Solon은 시민들의 행복에 가장 적합한 정부가 아니라 "시민들의 편견에 가장 적절한" 정부를 제공했다고 고백했다.

20. *Federalist No. 85*.

21. Francis Fukuyama의 *The End of History and the Last Man* (New York: Free Press, 1992), p. 154. 그리고 Thomas L. Pangle와 Peter J. Ahrensdorf의 *Justice Among Nations: On the Moral Basis of Power and Peace* (Lawrence: University Press of Kansas, 1999), p. 150. 아리스토텔레스는 최상의 정치 체제는 "공동의 이득을 추구하는 정치 체제"라고 썼다. Simpson, *The Politics of Aristotle*, p. 88.

22. Huntington의 *Political Order in Changing Societies*, p. 102.

23. Burton M. Leiser 교수는 "홉스는 미국 공화국의 토대가 된 주요 원칙들을 예견했다"고 썼다. Ian P. McGreal의 *Great Thinkers of the Western World* (New York: HarperCollins, 1992)에 실린 홉스에 관한 Leiser의 글 참조.

24. *Federalist No. 51*.

25. Ibid.

26. bid.

27. *Federalist No. 49*.

28. Harvey C. Mansfield의 *Machiavelli's Virtue* (Chicago: University of Chicago Press, 1966), pp. 293-94. 그리고 Angelo M. Codevilla가 번역, 편집한 마키아벨리의 *The Prince* (New Haven, Conn.: Yale University Press, 1997)에 대한 Carnes Lord의 논평 참조.

29. Mansfield, pp. 293-94. 기만적인 유토피아에 대한 Hamilton의 *Federalist No. 6* 그리고 Paul A. Rahe의 *Republics Ancient and Modern* (Chapel Hill: University of North Carolina Press, 1994).

30. Rahe의 *Republics Ancient and Modern*, vol. 2: *New Modes & Orders in Early Modern Political Thought*, pp. 94-95 .

31. *Republics Ancient and Modern*, vol. 3: *Inventions of Prudence ; Constituting the American Regime*, p. 172에서 Rahe는 "매디슨과 그의 동료들은 미국이—비록 근본적으로 다른 형태이지만, 고대 스파르타처럼—혼합 정치 체제라는 것을 결코 의심하지 않았다"고 썼다. 또한 Michael A. Ledeen의 *Machiavelli on Modern Leadership: Why Machiavelli's Iron Rules Are as Timely and Important Today as Five Centuries Ago* (New York: St. Martin's, 1999), p. 109 참조.

32. Richard E. Flathman와 David Johnston이 편집한 홉스의 *Leviathan* (New York: Norton, 1997)에 대한 Michael Oakeshott의 "서문" 참조.

33. William Godwin의 *An Inquiry Concerning Political Justice and Its Influence on General Virtue and Happiness*, 1793. Marquis de Condorcet의 *Sketch for a Historical Picture of the Progress of the Human Mind*, 1795.

34. 코넬 대학의 David Price 교수의 "Of Population and False Hopes: Malthus and His Legacy," *Population and Environment: A Journal of Interdisciplinary Studies*, January 1998 참조. 또한 Philip Appleman이 편집한 Malthus의 *An Essay on the Principle of Population* (New York: Norton, 1988), pp. 122, 110 참조.

35. Nora Barlow의 *The Autobiography of Charles Darwin* (London: Collins, 1958) 참조. 또한 John F. Rohe의 *A Bicentennial Malthusian Essay* (Traverse City, Mich.: Rhodes & Easton, 1997) 참조.

36. Philip Appleman 교수가 쓴 Malthus의 *Essay*에 대한 서문 참조.

37. Ronald Bailey의 "The Law of Increasing Returns," *The National Interest*, Spring 2000 참조.

38. Appleman의 글 참조.

39. F. L. Jones의 *The Letters of Percy Bysshe Shelley* (New York: Oxford University Press, 1964). 실용적이고도 성공적인 정치가 Castlereagh 자작에 대한 Shelley의 과격하고 오만한 공격은 1822년 자작의 자살에 영향을 끼쳤을지도 모른다.

40. Charles Dickens, *A Christmas Carol* (London, 1843). 또한 Malthus 의 *Essay*에 대한 Appleman의 서문과 Rohe의 *Bicentennial Essay* 참조.

41. L. Meek의 *Marx and Engels on the Population Bomb* (Berkeley: University of California Press, 1971) 참조.

42. Mill의 1864년도 책, *Principles of Political Economy with Some of Their Applications to Social Philosophy* 참조.

43. Malthus의 *Essay on the Principle of Population*, p. 124 참조.

44. Jack A. Goldstone의 *Revolution and Rebellion in the Early Modern World* (Berkeley ; University of California Press, 1991) .

45. Mayra Buvinic과 Andrew R. Morrison의 뛰어난 글, "living in a More Violent World," *Foreign Policy*, Spring 2000. 1990년대 세계의 살인율은 50%나 상승했다. 선진산업국에서 15%, 라틴 아메리카에서는 80%, 그리고 아랍지역에서는 112%가 증가했다.

46. Robert Evans의 "Report Warns of Impact of Global Warming," Reuters, Feb. 19, 2001 참조.

47. Vaclav Smil의 *China's Environmental Crisis: An Inquiry into the Limits of National Development* (Armonk, N.Y.: Sharpe, 1993) 참조.

08 홀로코스트, 현실주의 그리고 칸트

1. Novick의 *The Holocaust in American Life* (Boston: Houghton Miffin, 1999), pp. 91-98. 그리고 Eva Hoffman의 "the Uses of Hell" *The New York Review of Books*, March 9, 2000 참조.

2. Hilene Flanzbaum의 *The Americanization of the Holocaust* (Baltimore, Md.: Johns Hopkins University Press, 1999), pp. 10-11.

3. Ibid., p. 11. 또한 Novick은 (p. 128에서), Shirer은 1200페이지짜리 책에서 유럽의 유대인의 살해에 대해 2-3% 정도만 할애하고 있으므로 홀로코스트에 대한 인식 증대에 있어 이 책의 영향력이 과대평가되어서는 안 된다고 썼다.

4. Novick, p. 190.

5. 이타주의의 상이한 수준들에 대한 간략한 설명으로는, Carl Coon의 *Culture Wars and the Global Village* (Amherst, N.Y.: Prometheus, 2000) 참조.

6. *The National Interest* (Fall 1997)에 실린 Anatol Lieven의 "*Qu'est-ce qu'une nation?*" 참조.

7. Michael Ignatieff의 *Isaiah Berlin* (New York: Holt, 1998), p. 245; Raymond Aron의 *Peace and War: A Theory of International Relations* (Garden City, N.Y.: Doubleday, 1966), pp. 149, 163; 그리고 *Federalist papers*, pp. 110-11, 233, 308, 314-15, 322, 360-61 참조.

8. Marguerite Yourcenar의 *Memoirs of Hadrian* (New York: Farrar, Straus and Giroux, 1990), p. 116. 비록 허구적 기록이지만 그것은 꼼꼼히 연구된 것이며, 하드리아누스 황제의 사상에 대해 어떤 역사가가 추론할 수 있는 것보다 더 이상 바랄 수 없는 정확한 내용을 전달하고 있는 것 같다.

9. Michael Grant가 번역한 Cicero의 *Selected Works* (New York: Penguin, 1971), p. 168.

10. Henry Kissinger의 *Diplomacy* (New York: Simon & Schuster, 1994); Carsten Holbraad의 *The Concert of Europe: A Study in German and British International Theory, 1815-1914* (London: Longmans, 1970); 그리고 A. N. Wilson의 *Eminent Victorians* (New York: Norton, 1989).

11. Henry L. Stimson과 McGeorge Bundy의 *On Active Service in Peace and War* (New York: Harper & Brothers, 1948), p. 259.

12. Kissinger, p. 372.

13. Robert Dallek의 *Franklin D. Roosevelt and American Foreign Policy, 1932-1945* (New York: Oxford University Press, 1979), p. 520.

14. Ibid.

15. Adams의 *Works* (Boston: Little, Brown, 1850-56), 4:401.

16. *Federalist No. 8.*

17. Felix Gilbert가 편집하고 서문을 쓴 *The Historical Essays of Otto Hintze* (New York: Oxford University Press, 1975)에 실린 Otto Hintze의 글 "Calvinism and Raison d'etat"

18. Kennan의 *Realities of American Foreign Policy* (Princeton, N.J.: Princeton University Press, 1954).

19. Arthur Schlesinger Jr.의 *The Cycles of American History* (Boston: Houghton Muffin, 1986) 참조. George Kennan의 *At a Centurys Ending: Reflections, 1982-1995* (New York: Norton, 1996), p.213에서 인용됨. Kennan은 "Schlesinger의 관점은 분명 연방주의자의 사고에 뿌리박혀 있다"고 지적한다.

20. Barbara Tuchman의 *Stilwell and the American Experience in China, 1911-1945* (New York: Macmillan, 1970), p. 134.

21. *The National Interest* (Winter 1992-93)에 실린 Fareed Zakaria의 "Is Realism Finished?"

22. Ibid.

23. J.I. Crump가 번역한 『전국책』 (Ann Arbor: University of Michigan Press, 1973), pp. 124-25.

24. *Federalist No. 6*에서 Hamilton은 아테네로부터 18세기의 영국에 이르기까지 상업국가들이 얼마나 빈번히 전쟁에 돌입했는지를 보여준다. 영국은 "국민들이 국가적 입법기구 중 한 기관을 구성함에도 불구하고" 영국보다 "더 자주 전쟁에 돌입한 국가는 거의 없다." 전쟁은 "많은 경우 국민들로부터 시작되었다."

25 C. M. Bowra의 *The Greek Experience* (New York: Mentor, 1957), p.

88.

26. Ibid.

27. *Federalist No. 6.*

28. Barzun의 *From Dawn to Decadence: 500 Years of Western Cultural Life; 1500 to the Present* (New York: HarperCollins, 2000), p. 52.

29. Lothar Gall의 *Bismarck: The White Revolutionary*, vol. 1, *1851-1871* (London: Unwin Hyman), pp. 29, 92 참조.

30. Wills의 *Saint Augustine* (New York: Lipper/Viking, 1999), p. 119. Thomas L. Pangles와 Peter J. Ahrendorf의 *Justice Among Nations: On the Moral Basis of Power and Peace* (Lawrence: University Press of Kansas, 1999), p. 75. Augustine의 *City of God*, 특히 제15권 및 제19권 참조.

31. Mary Gregor가 번역하고 Christine M. Korsgaard가 서문을 쓴 Immanuel Kant의 *Groundwork of the Metaphysics of Morals* (New York: Cambridge University Press, 1997).

32. Kant의 에세이 'To Perpetual Peace: A Philosophical Sketch," 1795.

33. Kant의 *Groundwork of the Metaphysics of Morals*, p. 19.

34. Ibid.

35. Zakaria. 또한 Kant의 에세이 "To Perpetual Peace"의 부록 참조.

36. Kant의 *Groundwork of the Metaphysics of Morals*, p. 24. 또한 Christine Korsgaard의 서문 참조.

37. Ibid., p.31.

38. Korsgaard의 Kant에 대한 소개.

39. Kant의 *Groundwork of the Metaphysics of Morals*, p. 37.

40. 결과의 도덕성에 대한 옹호. J.J.C. Smart와 Bernard Williams가 같이 저술한 *Utilitarianism: For and Against* (Cambridge, Eng.: Cambridge University Press, 1973) p. 93 참조.

41. D. H. Hodgson의 *Consequences of Utilitarianism* (London: Oxford University Press, 1967).

42. Cicero의 "On Duties: III," *Selected Works* (New York: Penguin,

1960), p. 191.

43. Harvey C. Mansfield의 *Machiavelli's Virtue* (Chicago: University of Chicago Press, 1966), p. 8.

09 아킬레우스의 세계: 고대의 군인들, 현대의 전사들

1. John M. Cooper와 J. F. Procope가 공역한 Seneca의 *Moral and Political Essays* (Cambridge, Eng.: Cambridge University Press, 1995) 중 "On Anger" pp. 41, 28 참조.

2. Dana Priest의 "A Four-Star Foreign Policy?" *The Washington Post*, Sept. 28, 2000. 또한 나의 글 "The Dangers of Peace" *The Coming Anarchy* (New York: Random House, 2000) 참조.

3. 여단과 사단의 이동에 관한 통계는 Stephen P. Aubin의 "Stumbling Toward Transformation: How the Services Stack Up," *Strategic Review*, Spring 2000 참조.

4. Richard Howard와 Annette Baker Fox가 공역한 Raymond Aron의 *Peace and War: A Theory of International Relations* (Garden City, N.Y.: Doubleday, 1966), p. 305 참조.

5. Ralph Peters의 *Fighting for the Future: Will America Triumph?* (Mechanicsburg, Pa.: Stackpole, 1999), p. 32.

6. Robert Fagles이 번역한 *The Iliad* (New York: Penguin, 1990), Book 19, p. 179.

7. Ibid., pp. 254-65.

8. James Der Derian의 "Battlefield of Tomorrow: Netwar," *Wired*, July 7, 1999.

9. Fagles가 번역한 *The Iliad*에 대한 Knox의 서문.

10. Knox의 서문 및 Mary McCarthy가 번역하여 1945년 *Politics* 잡지에 게재된 Weils의 "*The Iliad*; or, The Poem of Force" 참조.

11. Fagles가 번역한 *The Iliad*, Book 8, pp. 638-42.

12. Peters, pp. 109-10.

13. 이것은 워싱턴의 두 분석가, Reuel Marc Gerecht와 Edward Luttwak이

각자 쓴 글을 통해 제기하였다.

14. 암살의 합법성에 대한 논의는 Mark Vincent Vlasic의 "Cloak and Dagger Diplomacy: The U.S. and Assassination," *Georgetown Journal of International Affairs*, Summer/Fall 2000 참조.

15. Luttwak의 뛰어난 논문 "Toward Post-Heroic Warfare", *Foreign Affairs*, May-June 1995.

16. Ignatieff의 *Virtual War: Kosovo and Beyond* (New York : Holt, 2000), p. 179.

17. Cronkite가 *Playboy*와 한 인터뷰, June 1973, p. 76.

18. Ibid., pp. 184, 213-14.

19. Roger T. Ames가 번역한 손자의 *The Art of Warfare* (New York: Modern Library, 2000), pp. 80, 131.

20. Crawley가 번역한 Thucydides의 *The Peloponnesian War*, VI:23.

21. Van Riper의 "Information Superiority," *Marine Corps Gazette*, June 1997.

22. Dunlap의 "21st Century Land Warfare: Four Dangerous Myths," *Parameters*, U.S. Army War College, Carlisle, Pennsylvania, Autumn 1997 참조.

23. Michael Lind의 미출간 원고, "The Honor Paradigm and International Ethics" 참조.

24. Kenneth Waltz의 *Theory of International Politics* (New York: McGraw-Hill, 1979).

25. Knox의 *Backing into the Future: The Classical Tradition and Its Renewal* (New York: Norton, 1994), pp. 11-12.

10 춘추전국시대 중국과 세계 지배구조

1. *The Landmark Thucydides: A Comprehensive Guide to the Peloponnesian War* (New York: Free Press, 1996)의 저자 Robert Strassler와의 대화.

2. Strassler의 *The Landmark Thucydides*에 대한 에필로그.

3. 필자의 글 "Could This Be the New World?" *The New York Times*, Dec. 27, 1999.

4. 인구조사국에 따르면, 인도의 인구는 21세기 상반기 중 10억 명에서 16억 명으로 증가할 것이고, 아프리카는 에이즈 관련 사망인구를 빼더라도 8억 명에서 2050년까지는 18억 명으로 증가할 것이라고 한다.

5. Adam Watson의 *The Evolution of International Society: A Comparative Analysis* (New York: Routledge, 1992). 이 부분은 Watson의 훌륭한 책에서 영감을 얻었다.

6. Watson 보급판, p. 81.

7. Watson, ch. 8.

8. Watson, p. 121.

9. Montesquieu의 *The Spirit of the Laws* (New York: Cambridge University Press, 1989), 특히 Book 1, ch. 3, p. 7 그리고 Book 10, ch. 3, p. 139. 또한 Thomas L. Pangle과 Peter J. Ahrensdorf의 *Justice Among Nations* (Lawrence: University Press of Kansas, 1999), p.157.

10. Carr의 *The Twenty Year's Crisis, 1919-1939* (New York: Harper), p. 107. 물론 카는 친소련 역사가이지만 그것이 이 책에서 제시한 몇몇 예리한 관점들을 훼손하지는 않는다.

11. Carr, p. 232.

12. Jessica Mathews의 "Power Shift," *Foreign Affairs*, Jan.-Feb. 1997.

13. John Quinn에게 보낸 편지, May 6, 1917, New York Public Library. Z. Najder의 *Joseph Conrad: A Chronicle* (Cambridge, Eng.: Cambridge University Press, 1983), p. 424에 인용됨.

14. 손자의 *The Art of Warfare* (New York: Modern Library, 2000), p. 91.

15. Xenophon의 *The Persian Expedition* (New York: Penguin, 1972)에 대한 George Cawkwell의 서문. Xenophon의 군대는 Cyrus the Younger가 페르시아 왕좌를 확보하는 것을 도와주는 데 실패한 후 그리스로 귀환하는 중이었다.

16. Brezezinski의 *The Grand Chessboard: American Primacy and Its*

Geostrategic Imperatives (New York: Basic Books, 1997), p. 36.

11 티베리우스 황제: 미국은 21세기의 로마 제국이 될 것인가

1. *The Encyclopaedia Britannica* (New York, 1910-11) 11판 참조.

2. Ibid. 또한 Tiberius가 황제로 있을 무렵, 로마의 동쪽 변방 이스라엘에서는 예수가 죽임을 당하는 사건이 있었다.

3. Levick의 *Tiberius: The Politician* (London: Routledge, 1999), p. 85.

4. Ibid., pp. 138-39, 142-45. 갈릴리 해에 있는 Tiberias라는 도시는 사실 Herod Antipas가 건설했다.

5. Ibid., p. 178. Levick은 Tacitu의 *Annales*, VI, 48, 4에 의지한다.

6. David Lowenthal이 번역한 Montesquieu의 *Considerations on the Causes of the Greatness of the Romans and Their Decline* (Indianapolis: Hackett, 1999) 참조.

7. 타키투스는 티베리우스의 이런 행동을 예찬한다. Tacitus의 *Annales*, IV, 72, 및 Levick, pp. 136, 223.

8. *The Encyclopaedia Britannica* 11판 참조.

9. D. H. Lawrence의 *Studies in Classic American Literature* (New York: Viking, 1923 and 1971), p. 111 참조.